社会学入門

——人間と社会の未来

見田宗介
Munesuke Mita

Eurus
Notus
Boreas
Zephyrus

岩波新書
1009

社会学入門

人間と社会の未来

目次

序　越境する知

——社会学の門——

1　人間の学／関係の学

「社会」などというものがあるのだろうか？

石を投げれば人間に当たる。「社会」というものの本体は人間であり、社会学は人間学であるのです。

社会学は人間学である、というテーゼが第一に正しいのですが、もっとよく考えてみると、目に見える形であるもの、石を投げれば当たるという形であるもの、だけが本当に「あるもの」だろうか？　たとえば「愛」とか「闘争」とかは、見ることもできないし、触れることもできない。「見えるもの」や「触れられるもの」によって表したり、表されたりすることはできるけれども、「愛」や「闘争」それ自体は、見えないし、石を投げても当たることはない。それでも「愛」や「闘争」というものは、あることをぼくたちは確信している。どこにあるか、というと、心臓（ハート）にあるわけではなく、大脳皮質とか脳幹のどこかにあるわけでもなく、人と人との間にあるのです。間といっても前方五〇センチの所とかいうことではなく、正確にいうと、人間と人間との関係としてあるのです。もっと徹底して考えてみると、その関係のモトになる、ように見えている「人間」というもの自体が、関係なのです。人間の本体と考えられている「意識」とか「精神」とかの実質は言語なのですが、この言語とは、関係の中でしか存立しえないものです。フロイトが「超自我」と名づけた「良心」というものが、「良心の声は両親の声」といわれるように、自分の中に入りこんでいる他者たちの言葉であることは、分かりやすい一例ですが、ランボーやマルクスが「自己とは他者である」といったのは、明確な認識なのです。

石を投げれば当たるのは人間の「身体」の方で、この身体は、精神や意識とちがって「もの」として確かに存在しているもののように見えますが、ほんとうはこの「身体」自体が、多くの生命の共生のシステムなのです。これはほんとうに驚くべき、目を開かせるような事実なのですが、長くなるから省きます。（真木悠介『自我の起原』という本をみて下さい。）われわれの身体がそれ自体多くの生命の共生のシステムであるという事実が、「意識」や「精神」といわれるものの究極の方向性とか、われわれが何にほんとうに歓びを感じるかということにも、じつに豊饒な可能性を開いているのです。

問題を一度、物理学的な極限にまでてっていして追求してみるとどうなるだろうか。身体を仮にモノとして考えたとして、それはさまざまな細胞等々の関係のシステムですが、その細胞も「素粒子」にまで分析を進められるように、どこまでも「関係」のシステムです。「確かに存在するもの」の代表にみえる「石」とか、最も硬い物質であるダイヤモンドさえ、さまざまな微細な単位(最後には「波」でもあるもの)の、関係のシステムです。ダイヤモンドは石炭と同じ、炭素のあつまりですが、一方はただの「炭」であり、一方は宝飾店のCFが「愛」の目に見える表現であるかのように、わたしたちの自我の内部に入りこむ他者の言語として広告するあのダイヤモンドであるのは、ただひたすらに、同じ炭素の「配列」の仕方、つまり関係のありようの差異に基づいているのです。つまり一番「硬いもの」、永遠に不変に「存在」しているもののようにみえるダイヤモンドさえ、その本質は、関係の内にこそあるのです。社会学は人間の学ですが、それはこのように現代の知において把えられた人間の学、つまり、関係としての人間の学であるのです。

2　社会学のテーマとモチーフ　初めの炎を保つこと

社会学は〈関係としての人間の学〉ですが、〈関係としての人間〉といっても、友情や家族や仕事の関係だけでなく、現代人にとっては、アラブの産油国の貧富の構造と多国籍企業との関係や、アマゾンの熱帯雨林の人間／自然関係が、遠くわれわれの一人一人の生活や人生を支え、またわれわれの生活や人生のかたちの波及する帰結であるというふうに、アクチュアルな生の関係の内に織り込まれています。「ミクロ」の関係から「マクロ」の関係まで、関係の関係は幾層にも幾層にも連環してつながっています。私たちが企画し編集した社会学の講座（井上俊、上野千鶴子、大澤真幸、吉見俊哉氏と共編『岩波講座　現代社会学』）の各巻の主題をここに記してみると、現代社会論／自我・主体・アイデンティティ／他者・関係・コミュニケーション／身体と間身体／知と言語／時間と空間／〈聖なるもの・呪われたもの〉／文学と芸術／ライフコース／セクシュアリティ／ジェンダー／こどもと教育／成熟と老い／病と医療／差別と共生／権力と支配／贈与と市場／都市と都市化／〈家族〉／仕事と遊び／デザイン・モード・ファッション／メディアと情報化／日本文化／民族・国家・エスニシティ／環境と生態系／社会構想論、となっています。これらの主題を見わたして、まず、現代の「社会学」の扱う主題のひろがりと、その魅力とを知ってもらえるとうれしいと思う。

近代の社会科学は、経済学、法学、政治学、等々と専門科学に分化してめざましく発展しました。理論のモデルをはっきりと作るために、社会現象の、ある面だけに絞って抽象化することは、有効な方法です。たとえば経済学は、「ホモ・エコノミックス」といわれるように、経済的な関心だけで動くかのような人間像をモデルとして仮定した上で、とても精密な、すっきりとした理論の体系を打ち立てました。この抽象化されたモデルのおかげで、社会のなかのいくつかの側面が、みごとに解明できるということがあります。けれども現実の人間は、経済的な動機の他に、愛や怒りや自尊心や正義感など、さまざまな動機によっても動かされていて、また現実の巨大な社会は、経済現象と、法や政治や宗教や倫理や教育やメディアやテクノロジーのような、他のシステムがからみ合っています。現代の社会問題の基本的なもの――環境問題、資源問題、「南北」問題、民族問題、宗教間関係の問題、ジェンダーの問題、家族の変容、自閉や拒食や自傷や自死などの問題、アイデンティティ／脱アイデンティティの問題、等々――は、すべてこのような、経済や法や政治や宗教や倫理や教育やメディアやテクノロジー等々を横断的に統合しなければ解けない問題になっています。

社会学は〈越境する知〉Einbruchslehreとよばれてきたように、その学の初心において、社会現象のこういうさまざまな側面を、横断的に踏破し統合する学問として成立しました。マックス・ウェーバー、デュルケーム、マルクスのような「古典的」な社会学者をはじめ、フロム、リースマン、パーソンズ、アドルノ、バタイユ、サルトル、レヴィ＝ストロース、フーコーといった、現在の社会学の若い研究者や学生たちが魅力を感じて読んでいる主要な著者たちは、すべて複数の――経済学、法学、政治学、哲学、文学、心理学、人類学、歴史学、等々の――領域を横断する知性たちです。

けれども重要なことは、「領域横断的」であるということではないのです。「越境する知」ということは結果であって、目的とすることではありません。何の結果であるかというと、自分にとってほんとうに大切な問題に、どこまでも誠実である、という態度の結果なのです。あるいは現在の人類にとって、切実にアクチュアルであると思われる問題について、手放すことなく追求しつづける、という覚悟の結果なのです。近代の知のシステムは、専門分化主義ですから、あちこちに「立入禁止」の札が立っています。「それは○○学のテーマではないよ。そういうことをやりたいのなら、他に行きなさい。」「××学の専門家でもない人間が余計な口出しをするな。」等々。学問の立入禁止の立て札が至る所に立てられている。しかし、この立入禁止の立て札の前で止まってしまうと、現代社会の大切な問題たちは、解けないのです。そのために、ほんとうに大切な問題、自分にとって、あるいは現在の人類にとって、切実にアクチュアルな問題をどこまでも追求しようとする人間は、やむにやまれず境界を突破するのです。

「領域横断的」であること、「越境する知」であることを、それ自体として、目的としたり誇示したりすることは、つまらないこと、やってはいけないことなのです。ほんとうに大切な問題をどこまでも追求してゆく中で、気がついたら立て札を踏み破っていた、という時にだけ、それは迫力のあるものであり、真実のこもったものとなるのです。

問題意識を禁欲しないこと。人生の他のどんな分野においても、禁欲は大切なことであり、ぼくたちは禁欲的に生きなければいけないものですが、学問の問題意識においてだけ、少なくとも社会学という学問の問題意識においてだけは、ぼくたちは、禁欲してはいけないのです。

自分自身のことを話すと、わたしにとっての「ほんとうに切実な問題」は、子どものころから、「人間はどう生きたらいいか」、ほんとうに楽しく充実した生涯をすごすにはどうしたらいいか、という単純な問題でした。この問題は二つに分かれて、第一に、人間は必ず死ぬ。人類の全体もまた、いつか死滅する。その人類がかつて存在したということを記憶する存在さえ残らない。すべては結局は「虚しい」のではないかという感覚でした。第二に、その生きている間、すべての個体はそれぞれの「自分」をもって、世界の中心のように感じて、他の「自分」と争ったりまた愛したりする。この「自分」と他の「自分」たちとの関係が、友情や恋愛や家族の問題から、経済や政治や国際関係の問題に至る、実にさまざまの現実的な問題の根底にあり核心にあると把握される、ということです。単純な言い方ですが、〈死とニヒリズムの問題系〉と、〈愛とエゴイズムの問題系〉と名づけていました。こういう問題を追求する人は、多くのばあい、「哲学」や「倫理学」、あるいは「宗教」という方面に進むのですが、わたしはこの二つの問題を、あくまでも論理と実証という方法で、いわば「経験科学的」な方法で追求してゆきたかったのです。

これにちょっとした偶然もあって——たまたまわたしの学んだ大学で、「社会学科」はとても自由で明るい雰囲気で、廊下を通ってジャズ・ミュージックの聞こえてくる研究室は社会学だけです、というガイダンスでの先輩の魅力的なPRもあり——社会学という方法で二つの「原問題」に迫ってゆくことにしました。

けれどもそのあとが実にたいへんで（どんな道でもそうなのですが）、一度ならず二度も、自分のそれまでの方法論や考え方を根本から総検討して転回してゆく、ということのくり返しでした。ずっと後からふりかえると、この二回もの「転回」と再出発は、ムダではなかったと思います。

余談ですが、卒業論文とか学位論文を書く人は、十分な余裕をもって事を進めて、少なくとも一度か二度は、これまでやってきたことを潔く全部捨てて、新しく出発し直す、くらいの気持ちで新鮮に再構築を行なうと、スカッとしたよい仕事ができます。せっかくこんなに読んだのだから、書いたのだからと、ケチケチしてはだめです。大胆に捨てたものは、必ずどこかで見えないところで、栄養になっています。

というわけで、わたしも「全部最初から！」をくりかえしながら、やっと二つの「原問題」に、自分なりに納得のできる解決の見通しを手に入れたのは、四〇歳に近くなってからでした（『気流の鳴る音——交響するコミューン』）。

けれどもこれは未だ、つかんだイメージを息もつがずに書きつけただけのもので、きちんとした理論として固めることができたのはさらに四年あとの、『時間の比較社会学』という仕事でした。これでわたしの第一の原問題系——〈死とニヒリズムの問題系〉——だけは、自分なりに納得することができ、七歳の時から私の心に棲みつづけていた「死の恐怖」と「ニヒリズム」からは爽快に解放されることができました。けれどももうひとつの問題系、——〈愛とエゴイズムの問題系〉の方は、まだ整理されつくさない問題があって、さらに一二年もあとの、『自我の起原——愛とエゴイズムの動物社会学』という仕事で、ようやく問題をその根源から掌握する地点に立つことができました。『自我の起原』というのは、ほんとうはダーウィンの『種の起原』の向こうを張ったタイトルで、種の起原はダーウィンで基本は分かった。しかし高等動物、とくに人間という動物は、種よりも「個」の方を絶対化して相互に抗争し、また愛したりもする。この「個体」の自己中心化、つまり「自我」とか「エゴイズム」といわれるものは、生命の流れの中で、どのような根拠と必然性とをもって出現したのか、この生成の根拠のゆえに、それはどのような原的な構造と、ダイナミズムと、矛盾とをもって、「現代」に至る人間たちの「自己」と「他者」との、愛と抗争のさまざまなかたちを支配しているか、社会学の「原論」部分を記したものです。最初に二つの問題がわたしをつかまえてから、結局五〇年を要していました。

「どういう生き方をしたらいいのか」「ほんとうに楽しく、充実した生をおくるには、どうしたらいいか」という問題を解決するのに、五〇年もかけてしまったら何にもならないではないか、と、思う人は多いと思います。けれども、ほんとうに自分にとって大切な問題を、まっすぐに追求しつづけるということは、それ自体が、どこまでもわくわくとする、充実した年月なのです。ひとりの人間にとって大切な問題は、必ず他の多くの人間にとって、大切な問題とつながっています。「生きた」問題、アクチュアルな問題を追求して行けば、必ずその生きた問題、アクチュアルな問題に共感してくれる先生たち、友人たち、若い学生たちに恵まれて、そこに〈自由な共同体〉の、輪が広がります。

それはもちろんどんな分野についてもいえることですが、社会学の場合、その「生きた問題」、アクチュアルな問題を追求してゆく上での、「学問領域的」な障壁が、ほとんどないということがあります。これは「越境する知」Einbruchslehre としての、この学問の成立の初心に基づくことです。自分の問題意識にしたがって、生と死を論じニヒリズムを論じ、時間を論じ自我を論じ、幸福を論じ欲望を論じ、愛を論じエゴイズムを論じ、真核細胞の生成を論じ生命のテレオノミーの開放系を論じ、人間と人間でないものとの共生を論じても、「それは社会学の主題ではない」と禁止されることはなかった。これは例外のことでなく、社会学を学ぼうとする、すべての人が期待していいことです。

「ほんとうに大切な問題」のありかとかたちは、その人によって実に実に多様です。時に苦痛、時に至福であるような、友人や異性や異世代の間の問題。話が通じない、話がすれちがう、誤解が増殖する、真実が感じられない、という関係の問題。生きることの目的も意味も張り合いも見いだせない、という問題。生きていることがつまらない、現実感がない、という問題。反対に、自分が感じているような単純な幸福感、生きていることの歓喜を、どうしてみんなは感じないのか、という問題。情報のテクノロジーによる、人間関係や「自分」のあり方の変容。アートやデザインやモードの現代。現代美術、現代音楽、現代詩、現代演劇、現代思想はなぜ「現代」か。男性と女性の差別や固定観念の問題。障害者やマイノリティーの差別や排除。民族や人種による差別や排除。宗教や世界の見え方の間の葛藤。テロリズムと戦争の脅威の根源。なぜ世界の半分は今も飢えているのか。資源やエネルギーの問題の解決はあるか。全地球的な環境や生態系の破壊の問題。——それがどのような問題であっても、自分にとってほんとうに大切である問題、その問題と格闘するために全青春をかけても悔いないと思える問題を手放すことなく、どこまでも追求しつづけることの中に、社会学を学ぶ、社会学を生きるということの〈至福〉はあります。どんな小さいレポートでも、どんなに乾燥した統計数字の分析でも、読む人はそのような仕事の中に〈魂〉を見ます。これは「魂のある仕事だ」ということを感じます。

＊

インドには古代バラモンの奥義書以来、エソテリカ〈秘密の教え〉という伝統がある。そのエソテリカの内の一つに、〈初めの炎を保ちなさい〉という項目がある。直接には愛についての教えだけれども、インドの思想では万象の存在それ自体への愛〈マハームードラ Cosmic Orgasm〉こそが究極のものであり、知への愛である学問についてもそれはいえる。人が学問に志す、その志の〈初めの炎〉を保つこと、自分にとって、時代にとって、人間にとって、あるいは人間を含む一切の存在にとって、本質的な問題を問いつづけるために、そしてこの問題を問いつづけるということのためにだけ、あらゆる個別の学問の領域を仕切る国境を越えつづけること、この越境する鮮烈な問題意識の内にだけ、社会学という〈遊牧する学問〉のアイデンティティは存在している。

コラム　「社会」のコンセプトと基本のタイプ

Ⅰ　社会の概念

「社会」はふつう、「個人」のあつまりと考えられている。しかし、個人のあつまりが、すべて「社会」とよばれるわけではない。たとえば、「二〇歳以上の男子」「支持政党なしの人々」などの分類カテゴリーは、「個人」のあつまりではあるが、「社会」とはいわない。「社会」というものが存立するのは、個々の個人の関係行為が、あるいは行為の関係が、意識的にか無意識的にか、もともとの要素である個々人の行為に分解するかぎり見失われてしまうような、固有に集合的な諸現象を、現実に生成してしまうかぎりにおいてだけである。

Ⅱ　社会の存立

個々の人間の関係行為が、あるいは行為の関係が、「社会」を存立させる仕方には、論理的に異質な四つの型がある。四つの型は、図のように、二つの次元の組み合わせとして理解することができる。第一に「社会」は、個々人の自由な意思によって（voluntary に）、主体的に（＝「対自的」に）、これを形成することもあるし、また、個々人の行為の関係が、個人の意思とは関わりなしに、客観的に（＝「即自的」に）、存立せしめてしまうこともある。前者を社会の「対自的」な（自由な意思による）存立の機制、後者を社会の「即自的」な（意思以前的な）存立の機制とよぶことができる。第二に「社会」は、関係する個々人間の、「人格的」personal な関係態として存立することもあるし、また、特定の利害関係等々に限定された、「非人格的」impersonal な関係態として存立することもある。前者を社会の「共同態的」（＝「ゲマインシャフト」的）な存立の機制、後者を社会の「社会態的」（＝「ゲゼルシャフト」的）な存立の機制、とよぶことができる。

二つの軸を組み合わせると、以下の四つの、根本的に異なった「社会」のあり方（個々人の行為が「社会」を形成する仕方の類型）を導き出すことができる（次頁の図）。

(1)　共同体 community（＝〈即自的な共同態〉）。伝統的な家族共同体、氏族共同体、

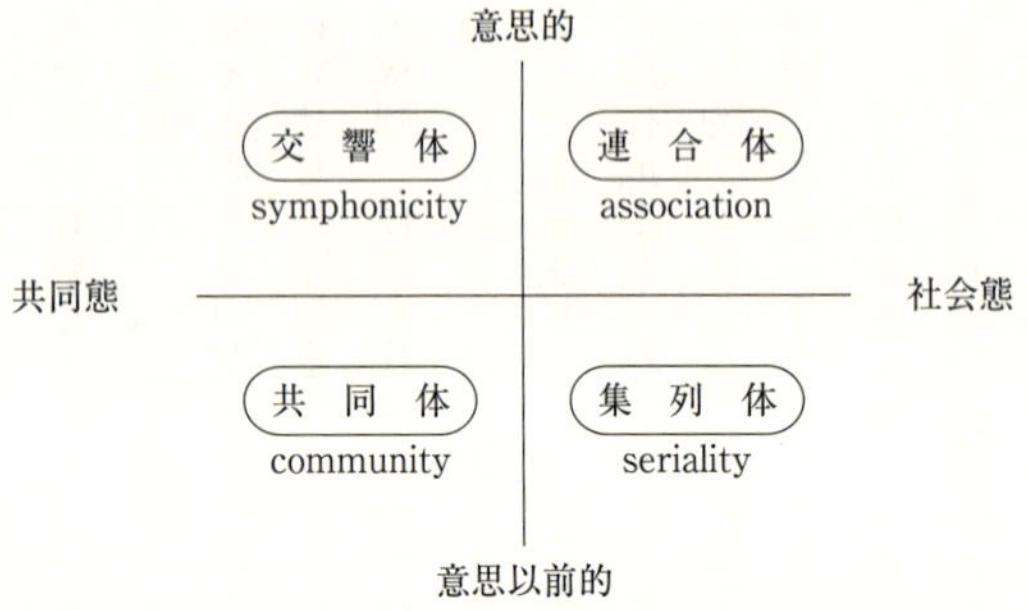

共同態：「ゲマインシャフト」．人格的な関係 personal
社会態：「ゲゼルシャフト」．脱人格的な関係 impersonal

意思的：自由な意思による関係　voluntary
意思以前的：意思以前的な関係　pre-voluntary

＊　社会学のさまざまな理論の中の，関連するコンセプトとの対応関係は，『岩波講座現代社会学 26　社会構想の社会学』p.162の脚注を参照．ただしこの本で表現を簡略化した部分もある．

社会の存立の4つの形式

村落共同体のように、個々人がその自由な選択意思による以前に、「宿命的」な存在として、全人格的に結ばれ合っている、というかたちで存立する社会。

(2)　集列体 seriality（＝〈即自的な社会態〉）。市場における個々人の「私的」な利害の追求にもとづく行為の競合が、どの当事者の意思からも独立した、客観的な「市場法則」（価格変動、景気変動等々)を貫徹せしめてしまうという場合のように、個々人の自由な選択意思がたがいにせめぎ合い干渉し合うことの帰結として、どの当事者にとっても疎遠な、(「物象化」された)「社会法則」を、客観的＝対象的 objective に、存立せしめてしまう、という仕方で存立する社会。この型の「社会」の存立は、マンデヴィルや、アダム・スミス(『諸国民の富』)の「見えざる手」として表象され、マルクス(『資本論』他)の「物象化」理論によって明確に論理化され、サルトル(『弁証法的理性批判』)の「集列体 sérialité」の理論によって精緻なかつ一般的な表現を与えられた。

(3)　連合体 association(＝〈対自的な社会態〉)。「会社」とか「協会」とか「団体」等々のように、個々人がたがいに自由な意思によって、けれども「愛」による場合のように人格的 personal な結合ではなく、特定の、限定された利害や関心の共通性、相補性等々によって結ばれた社会。「契約」や「規約」による「ルール」の設定とその順守ということが、「連合体」としての社会の、典型的な、よく発達した、存立の形式である。

(4)　交響体 symphonicity（＝〈対自的な共同態〉）。さまざまな形の「コミューン的」な関係性のように、個々人がその自由な意思において、人格的 personal に呼応し合うという仕方で存立する社会。

「社会」の存立の機制の四つの類型は、歴史的なものであるよりも、まず論理的なものである。また、排他的なものでなく、相補的なものである。たとえば、人間社会の始原的な状態において社会は、単純に「共同体」であったのではなく、〈諸共同体・の・集列体〉であり（氏族相互の抗争や力関係による行動範囲の相互限定、等々）、また人類史の非常な初期から、諸共同体の間や内部に、「対自的」な（つまり意思的な結合による）社会形成のさまざまのタイプをすでに発酵しつつあったと考えられる。また逆に近代、現代社会は、〈諸連合体・の・集列体〉という構造を骨格としつつ、即自的、および対自的な種々の共同態を内包し、またたえずあたらしく形成しつつある。また仮に、社会の「交響体」的な存立の形が地表をおおう時代が来たり得るとしても、それは単一の交響体ではなく、多様な〈諸交響体・の・連合体〉として、重層的にのみ構想されうる。（補章「交響圏とルール圏」）

Ⅲ　「社会」という語

「社会」という語は、伝統的な日本語の内にはなかった。society［英］、Gesellschaft［独］、société［仏］などの翻訳語として、明治期に創出された。一八七七（明治一〇）年頃に、福地源一郎、西周などの表記をとおして次第に定着したとみられる。

伝統的な日本語の中で「社会」の語にいちばん近く、一般的であったのは、「世間」であった。「世間の荒波」＝「社会の荒波」というように、今日でもしばしば「社会」の同義語として用いられる。この「世間」とは、柳田国男らの民俗学があきらかにしているように、元来、共同体の外部を指す語であった。（「世間噺」「世間通」とは、ムラ共同体の外部世界の話であり、外部の事情に通じた者である。）共同体にとって外部の集列性の世界を指す語であるゆえに、それは「荒波」「冷い風」などの表象と結合しやすかった。日本人の「社会」のイメージは、「社会に出る」という言い方のように、このような「外部」としての「世間」のイメージと重なっている。ヨーロッパ各国の言語におけるsociety, société, Gesellschaftなどは、すべて「仲間」「共同」という原義に由来し、社交界、協会、会社という語義をもつように、元来「内部」(仲間内)を指す語であった。

けれども、ヨーロッパ自体の歴史の中で、テンニース(『ゲマインシャフトとゲゼルシャフト』)の用法が鮮明に例示しているように、またヘーゲルの「市民社会」論がすでに示していたように、これらの諸語自身、集列体の意味合いを次第に強めた(内部性を希薄化された)意味枝を肥大し、その方が主幹の観を呈するに至り、これを対象とする学としての sociology, Gesellschaftslehre とともに、この段階で日本に輸入された。「社会」という日本語、および対応するヨーロッパ諸言語のこの重畳した転回、対応、ねじれの関係は、それ自体、実体としての「社会」、というものの存立と、構造と、比較と、転変をめぐる多くを、わたしたちに、語っている。

一　鏡の中の現代社会

——旅のノートから——

今日は一回だけ「雑談」をします。

ぼくは専門が「文化の社会学」、それから「比較社会学」なので、いろんなところに旅をする機会が多いのです。ほんとうは順番が逆で、もともと旅をすることが好きなので、専門を比較社会学と文化の社会学にしてしまったのです。

旅はどの旅も楽しいですが、特に好きなのはラテンアメリカの国々、メキシコやグァテマラ、ペルー、ボリビア、ブラジルと、インドです。たとえばインドから帰りにタイのバンコクによると、もう日本に帰ってきたような気がします。つまり日本とタイとのちがいよりも、タイとインドとのちがいの方が大きい。インドはそれくらい異質の世界です。もっともこの二〇年くらいは急速な近代化のために、インドもだんだんふつうの社会になってきましたが。それでもこれらの国々からみると、日本とアメリカとヨーロッパとは同じひとつの世界のように、「現代社会」、あるいは「高度産業化社会」という、共通した世界のように見えます。比較社会学というと日本とヨーロッパ、日本とアメリカ、あるいは日本と中国や韓国との比較に興味を持つ人が多いのですが、ぼくはそれよりも、「現代社会」、あるいは近代化された社会と、そうでない社会との比較の方にもっと関心があるのです。それはぼくが「日本社会」ということよりも「現代社会」、それからその根本にある「近代」という現象の、構造や特性、その運命ということに強い関心があるからだと思います。

1　〈自明性の罠〉からの解放

自分自身を知ろうとするとき人間は鏡の前に立ちます。全体としておかしくないか、見ようとするときは、相当に離れたところに立ってみないと、全体は見ることができない。自分の生きている社会を見るときも同じです。いったんは離れた世界に立ってみる。外に出てみる。遠くに出てみる。そのことによって、ぼくたちは空気のように自明（「あたりまえ」）だと思ってきたさまざまなことが、〈あたりまえではないもの〉として、見えてくる。演劇の好きな人は、「異化効果」という、ブレヒトの言葉を思い出すでしょう。社会学、特に比較社会学の意味は、ぼくたちが生きていく上で「あたりまえ」だと思い込んでいるさまざまなことを、〈あたりまえではないもの〉として、新鮮なもの、異様なもの、驚きに充ちたものとして、見せてくれるということです。社会学のキーワードでいうと、〈自明性の罠からの解放〉ということです。

＊

インドやメキシコやブラジルに行った日本人は、その国が大きらいになるか、大好きになるかどちらかが多い。商社マンなどでこういう国に派遣された人が、もういやで仕方がない。早く日本に帰りたい。あるいはアメリカとかヨーロッパの支店に行きたい。と思っている人はたくさんいます。ぼく自身は大好きになった少数派ですが、きらいになった人の気持ちはよくわかる。きらいになることの理由はよくわかる。しかしどうして自分が好きになったかということは、よくわからない。日本に帰って「どうだった？」と聞かれて、話すことはほとんど、困ったことや不便なこと、ひどいこととか危なかったことです。

ひとつだけ最初に行ったときの話をすると、絵描きの卵とか音楽評論家の卵みたいな人たちと五人で、デリーから朝の列車でベナレス（ヴァラナシ）に行くつもりだった。インドの列車はデッキの手すりや窓枠の外にまで人がぶら下がっているくらい超満員のことは知っていたから、六時くらいから早く行って待っていた。デリーも一二月の早朝は、そうとう寒いのです。ボンベイ（ムンバイ）でジーンズの腰から下をはさみで切って捨ててしまってかっこよかった男の子などは、唇を紫色にしてふるえている。八時に列車の来る時間になると構内放送があって、一時間おくれるという。「ええっ」といって驚いているのはぼくたちだけで、まわりのインド人は泰然として坐っている。九時になるともう一度構内放送があって、あと一時間おくれるという。一〇時になるとまた構内放送があって、今日は取りやめにしたという。ベナレスで予定していたその日の行動スケジュールは全部だめ。途方に暮れているのは今度もぼくたちだけで、まわりにいっぱいいたインド人は静かに潮を引くように、ホームには誰もいなくなっている。あとになってふり返ってみると、この〈途方にくれる〉というところから、ぼくたちのインドの旅は始まっていた。そのときの旅は結局、翌年からのメキシコでの仕事とならんで、ぼくの生涯の決定的な転換点のひとつとなったのですが、もしもこの「途方にくれる」ということがなくてスケジュール通りに運んでいたら、ヨーロッパやアメリカの旅行と同じ、これもひとつの旅行にすぎなかったと思う。旅と旅行は、ちがうのです。

けれどもそれは後になってから思うことで、その時はほんとうに途方にくれる。

「3K」ということばがあって、「キツイ、キタナイ、キケン」という、現代の日本の若者がきらう三つのことですが、これらの国々の旅の話は、まさに3Kのことばかりです。それできらいになったのだろうと聞かれると、ふしぎな魅力で、好きになっている。これは矛盾です。ふしぎその一、といっていい。

矛盾といえば、もう一つふしぎなことがある。インドに一週間くらいいると、もう一年もインドを旅しているような気になる。三週間もいると、一〇年くらいここにいるというか、日本にいたころが「前世」のような、少なくとも「前半生」であったような気になる。これは最初の時だけでなく、二回目も三回目も、いつもそうでした。ヨーロッパとかアメリカでは、決してそのような気分にならない。日本と同じように時間が流れる。このことはとても奇妙なことで、インドはものすごく非能率です。チケットを一枚買うのに半日も並んだりする。午前中にこれとこれ、午後にはあそことあそこに行こうと決めていても、そのうちの一つか二つで日が暮れてしまう。やれることはとても少ないのに、長くいたという気がする。数学的にいって矛盾です。ふしぎ第二としておこうと思います。

＊

ブラジルのリオ・デ・ジャネイロのカーニバルの主役たちはファベーラという、スラム街の貧しい人たちで、日本人は入ったら身ぐるみはがれるとか殺されるとか言って、領事館の人から止められたのですが、このファベーラに住みついて住民と仲良くしている日本人がいて、その人に案内されてとても楽しい一日を過ごしたのですが(「ファベーラの薔薇」という文章にその日のことを書きました)、その住みついている日本人はもと日本テレビで、看板番組も手がけていた花形プロデューサーでした。

ラテンアメリカは日本の漢字では「羅米」と書きますが、中国語では「拉米」つまり「拉致」の拉の字を書くのだそうです。メキシコなどで魂を奪われてしまった日本人の間ではラテンアメリカを「拉致米」と呼んだりしますが、あのファベーラの元プロデューサーも、「拉致米」された一人と思います。

メキシコのスーパーマーケットで会ったタンゴダンサーで、山本満喜子さんという人がいるんですが、大正時代の総理大臣の山本権兵衛という人の孫で、その人がなぜメキシコにいるかというと、駆け落ちをしたのです。ナチスの海軍将校と大恋愛をして、ドイツはそのころ日本と同盟を結んでいましたが、ヒトラーは内心有色人種を劣等なものと思っているから、腹心の将校が日本人と結婚することを許さない。そこで将校は潜水艦を一隻盗んで(!)、地球の反対側のアルゼンチンに亡命する。満喜子さんも日本から太平洋ルートでアルゼンチンにわたって合流する。そこで男の子が生まれますが、その将校とは離婚して、一人で子供を育てることになる。アルゼンチンにたくさんあるタンゴ学校の事務員として働くのですが、見ていると自分も踊りたくて仕方がない。夜みんなが帰った後のホールで、昼間事務員として見ておいて練習を一人でやって、結局抜群にうまくなってしまう。育児と仕事と学生と一人三役を異郷でやりながら、世界的なダンサーになる。キューバのカストロとゲバラにもとてもかわいがられて、ツーショットの写真などたくさん見せてくれました。満喜子さんはカストロの方が好きで、ゲバラの方は「着物を着ていても自分が裸になってるみたいな気持ちになってしまう」男なのだそうです。「危険人物よ」と言っていました。日本がキューバと国交がなかった時代には、マキコ／カストロの信頼関係がほとんど唯一の渡航窓口であった時期もあったそうです。ぼくが会った時は多分六〇代くらいでしたが、街などで遠くで見ると二〇代の女性のようでした。タンゴで鍛えて姿勢がいい、ということもあるでしょうが、自分がほんとうにやりたいことをまっすぐにやってきた人の、若々しさであるように思いました。ラテンアメリカやインドのような社会では、「人間はこんな生き方もアリなんだ」と思わせる人たちがいる。

2 「近代という狂気」

異国でいちばん面白いのはバザール、メルカードなどと呼ばれる市場ですが、そこでは人びとがちょっとした値段とか品物のことで、朝から夕方まで飽きることなく交渉し、機知を競い熱弁をふるっています。具体的な話はいろんなところに書いたのでもう省きますが(「トトニカパンの時間」など)、売る人と買う人の間で交わされる会話の長さは賭けられている金額のわずかさからみると割に合わないくらいのもので、しかも最後には、相手が気にいったりいらなかったりするみたいなことで、長時間にわたった交渉の成果を惜しげもなく放棄してまけしてくれたりします。彼らの意識では、たぶん損得にこだわっているつもりらしいが、無意識にはそういう交渉自体を楽しんでいるように見えます。バザールだけでなくてたとえばバスを待つみたいな時間でも、田舎だったら「午前」に一本、「午後」に一本くるというバスを日だまりで待っているうちに、ペルーでこちらが日本人ならフジモリ大統領に似ているとか似ていないとかいう話題で、すぐにみんなで盛り上がってしまう。バスを待つ時間はむだだという感覚はなくて、待つ時には待つという時間を楽しんでしまう。時間を「使う」とか「費やす」とか「無駄にする」とか、お金と同じ動詞を使って考えるという習慣は「近代」の精神で(“Time is money”!)、彼らにとって時間は基本的に「生きる」ものです。そういえばぼくたちでさえ、旅でふしぎに印象に残る時間は、都市の広場に面したカフェテラスで何もしないで行き交う人たちを眺めてすごした朝だとか、海岸線を陽が暮れるまでただ歩きつづけた一日とか、要するに何かに有効に「使われた」時間ではなく、ただ「生きられた」時間です。

インドやラテンアメリカのような世界で、非能率で時間が有効に使われないのに永く生きたみたいな感じがするという矛盾(第二の矛盾)は、ここでは時間が上滑りしていないないこと、時間が「使われる」ものでなく「生きられる」ものであること、だから人生が上滑りしていないということと、関わっているように思います。

＊

遠くから自分の社会を見る、という経験のいちばん直接的な形は、異国で日本のニュースを見る、という機会です。ある朝、小さい雑貨店の前の石段に腰をおろして「午前」のバスを待っていると、新聞売りの男の子がきて「日本のことが出ているよ！」という。日本のアゲオという埼玉県の駅で、電車が一時間くらい遅れたために乗客が暴動を起こして、駅長室の窓がたたき割られた、という報道だった。世界の中にはずいぶん気狂いじみた国々がある、という感じの扱いだった。ぼくはその中にいた人間だから、朝の通勤時間の五分一〇分の電車のおくれが、ビジネスマンにとってどんなに大変なことか、よくわかる。分刻みに追われる時間に生活がかけられているという、ぼくにとってはあたりまえであった世界が、〈遠くの狂気〉のようにふしぎな奇怪なものとして、今ここでは語られている。

近代社会の基本の構造は、ビジネスです。business とは busyness、「忙しさ」ということです。「忙しさ」の無限連鎖のシステムとしての「近代」のうわさ。遠い鏡に映された狂気。ぼくはその中に帰って行くのだ。

ヨーロッパの都市の中心には時計がある。都市の中心の広場には、教会があり市役所があり、そして必ず大時計がある。ヨーロッパの人たちはいつのころからか、時計を見上げながら〈近代〉を育んできた。

いつのころからか？　一四世紀の前半、ミラノ、ボローニャ、フィレンツェのようなイタリアの諸都市で初めて、「公共用時打時計」が設置された。一四世紀の後半から一五世紀にかけて、ドイツ、オランダ、スイス、フランス、ベルギー、イギリスの都市に、ほぼこの順番で大時計が設置される。人々が毎日の生活の中で、時間を計りながら生きる、という時代が始まった。時間、というわくぐみの中に、人間たちの生がおかれた。

それでもこの時代の時計は、一本針だった。「分針」というものはなかった。「分」という単位は未だ、生活に必要なかった。ぼくたちはもう時計といえば、二本針があたりまえです。というか三本針もふつうです。

社会学の卒業生というのは、マスコミに行く人が多いのです。ぼくの同期生も、NHKや民放に行った人が多いのですが、同窓会の時に民放の人が、「NHKはのんびりしていてうらやましい。民放は秒単位の世界だけど、NHKは分単位だからな」と言っていました。自分たちの方が現代の先端的な仕事をしているのだ、という自負もあったのかもしれませんが、じっさいに民放の生命はコマーシャルですが、CMは一五秒のうち終りの一秒か二秒が切れたら致命的、という世界です。近代の始まりのころと比べても、生活の時間の単位は三六〇〇分の一に、細かくなっています。

3　見える次元と見えない次元。想像力の翼の獲得

メキシコのインディオにとってとても大切な祭りのひとつに、「死者の日」というのがあります。一一月一日から二日にかけて死者たちが帰ってくる日で、村の墓場で死者たちと一緒に歌ったり踊ったりして、夜と昼を楽しく過ごします。何日も前からこの日のため

に、ごちそうを作ったりして準備をします。一緒に過ごす死者の範囲は、「自分の死者たち」で、血縁関係の近さとは必ずしも同じではなく、なつかしいと思う死者たちだということです。もう一つ面白いのは、ごちそうを「自分の死者たち」の数よりも一人分多く、余分に作っておくのだそうです。どの生者にも呼び出されない孤独な死者たちもいるので、そういう死者たちがうろうろしていると、どこかの家族に呼び出されている死者の一人が、「おれと一緒に来いよ」といって誘うのです。そういうプラスワンの死者が来たときに、ごちそうの数に余裕がないとさびしい思いをさせるので、必ず余分に作っておくのです。これはもちろんメキシコの、生者の社会の投影です。メキシコでは友人を二人誘うと、その友だちとかフィアンセとかを引き連れて右四人で来たりする。こうして友情が広がってゆく。この社会が「よそ者」にとっても魅力的なのは、こういう感覚から来るように思います。死者の日のごちそうの「余分の一人分」ということは、社会学にとっても究極の理想でもある「開かれた共同体」、「自由な共同体」ということとも関わる話で、たくさんのことを考えさせます。

＊

マックス・ウェーバーの「プロテスタンティズムの倫理と資本主義の〈精神〉」という論文は、社会学の最も重要な古典のひとつです。長い題名なので社会学の学生は「プロ倫」と言っています。マックス・ウェーバーはこの論文で、近代社会を形作ってきた基本的な「精神」を説き明かしているのですが、その核心にある典型例として紹介しているのが、ベンジャミン・フランクリン、アメリカの一〇〇ドル紙幣の肖像になっている人物の、"Time is money"(「時は金なり」)という生活信条です。少し引用してみます。「一日に自分の時間の中から一グロート銀貨に相当するだけの時間(それはおそらく数分間にすぎないだろう)を無為に過ごす者は、一年間には六ポンドを浪費するものであり、六ポンドを失うものは、一〇〇ポンドを使う権利を失うのである。五シリングの価値のある時間を無為に浪費するものは、五シリングを海に捨てるのと同じことである。五シリングを失うものは、これを生業に用いて回転させることによって得る一切の利益を失うものである。この利益は青年がそうとうの年配に達するまでには、巨大な金額にのぼることであろう。」

時間を貨幣と同じように考えてこのように「使う」精神こそが資本主義社会、つまり「近代」の社会を形成してきたことを、ウェーバーはみごとに解き明かしています。

死者たちのための食事を何日もかけて準備し、一日をその墓場で過ごし、そのうえさらに、ゆかりもない死者のために余分の一人分までも用意するということは、「Time is money」の精神からすれば、ムダの上にムダを重ねるようなものです。ちなみにあまり知られていないことですが、ベンジャミン・フランクリンは、こういうアメリカの原住民(インディオたち)が、一人残らず絶滅してしまえばいいと、手紙の中で書いています。インディオが社会の近代化の中で、生活を合理化しようとすれば、真っ先に削り落とされるのは、この「余分の一人分」でしょう。けれどもそのときこの社会からは、何かある本質的なものが、削り落とされることになるだろう。人生は何かを失うことになるだろう。削ぎ落とされたものは、フランクリンの貨幣換算のように計算してみることもできないし、目にも見えないし言葉にもほとんどならないものです。

社会の「近代化」ということの中で、人間は、実に多くのものを獲得し、また、実に多くのものを失いました。獲得したものは、計算できるもの、目に見えるもの、言葉によって明確に表現できるものが多い。しかし喪失したものは、計算できないもの、目に見えないもの、言葉によって表現することのできないものが多い。

＊

今日の話のいちばん初めに、「現代」から離れたいくつかの世界の中で経験することは、話になりやすい話としては、キツイ、キタナイ、キケンというような事実ばかりでネガティブな話が多い。それなのに好きになっているという矛盾を、「ふしぎその一」として提示しました。ぼくたちはいまその理由を言うことができる。これらの世界がきらいになる理由(よくない点)は、目に見えるもの、計算できるもの、言葉にしやすいものが多い。反対に好きになる理由(魅力)は、目に見えないもの、測定できないもの、言葉では説明できないものが多い。けれども人間が生きていく上でいちばん核心にあるものは、目に見えないもの、数量化できないもの、言葉にはなりにくいものが多い。

この後の講義の中で見るように(特に六章「人間と社会の未来」)、ぼくたちは今「前近代」に戻るのではなく、「近代」にとどまるのでもなく、近代の後の、新しい社会の形を構想し、実現してゆくほかはないところに立っている。積極的な言い方をすれば、人間がこれまでに形成してきたさまざまな社会の形、「生き方」の形を自在に見はるかしながら、ほんとうによい社会の形、「生き方」の形というものを構想し、実現することのできるところに立っている。

この時に大切なことは、異世界を理想化することではなく、〈両方を見る〉ということ、方法としての異世界を知ることによって、現代社会の〈自明性の檻〉の外部に出てみるということです。さまざまな社会を知る、ということは、さまざまな生き方を知るということであり、「自分にできることはこれだけ」と決めてしまう前に、人間の可能性を知る、ということ、人間の作る社会の可能性について、想像力の翼を獲得する、ということです。

*

マックス・ウェーバーと並んで社会学の最も重要な古典であるエミール・デュルケームは社会学の方法について考察した書物の中で、「社会学は比較社会学である」と記しています（『社会学的方法の規準』）。自然科学の基本的な方法は実験ですが、社会の科学ではふつう実験をすることはできません。一つ一つの社会には人間の生死、幸福と不幸、尊厳と悲惨が賭けられているからです。けれども人間が歴史の中で形成してきた無数のさまざまな「社会」のあり方は、これを外部から客観的に見ると、人々がそれぞれの条件の中で必死に試行してきた、大小無数の「実験」であったと見ることもできます。一つの「企業」、一つの「家族」のような小さい社会でも、「幕藩体制」とか「資本主義」とか「社会主義」というような大きい社会でも、それがどういう社会であるかは、他の企業、他の学級、他の家族、他のシステムと比較することをとおして、はじめて明確に認識し、理解することができます。マルクスやデュルケームやウェーバーのような古典的な社会学の理論家だけでなく、バタイユ、フロム、リースマン、パーソンズ、マルクーゼ、レヴィ＝ストロース、フーコーのような現代の代表的な社会の理論家たちもすべて、実にさまざまに独創的な比較を通して、「近代社会」「現代社会」というものの特質に光を当ててきました。このような社会学の方法としての「比較」は、〈他者を知ること〉、このことを通しての〈自明性の罠〉からの解放、想像力の翼の獲得という、ぼくたちの生き方の方法論と一つのものであり、これをどこまでも大胆にそして明晰に、展開してゆくものです。

コラム　コモリン岬

一九九〇年四月の初めに、わたしはインドのコモリン岬(カニャ・クマリ)にいた。コモリン岬はインド亜大陸の最南端で、朝はベンガル湾から陽が昇り、昼はインド洋を陽が渡り、夕方はアラビア海に陽が沈む、という場所である。

ある朝わたしは、そのベンガル湾から陽が昇るときに立ち会おうと、暗いうちから磯に出てみた。ごつごつとした岩場みたいな足触りの岸に、漁船がたくさん上げられて休息している。目がなれてくると、一つ一つの漁船の陰に、二つとか三つ、布にくるまって眠っているような人間がいる。それからまた別の漁船の向こうでは、いくつもの目が息をひそめてわたしを見守っているように感じた。

東の雲のすきまから朝の最初の陽の光が一条射るようにさし渡ってくると、岩肌はいっそう黒々と陰影を見せて立体を立ち上がらせるが、向こうの海は紫や朱や、黄金色や緑を点滅する刻々の変幻を開始している。遠い変幻に吸い込まれるみたいに岩場を渡って行くと、不意に激しく切迫した、ほとんど金切り声みたいな人間の声が聞こえる。声はいくつもの声と重なって、言葉の意味は分からないが、わたしにそれ以上先に行ってはいけないと叫んでいることだけは分かった。暗がりにいくつもの目が光って近づいてくる。それは漁船の陰で寝ていたあの人間たちの目であると、それから別の漁船の向こうからわたしを見ていた目であると、わたしは思った。〈聖域〉があるな、とわたしは思った。人間が立ち入ることのできない、少なくともわたしのような異教の人間が立ち入ることを許されていない、〈聖域〉があるな。あの切迫した金切り声のような制止の声は、彼らにとって大切な〈聖なるもの〉を、守る声だな。

そのようにわたしが想像したことのうしろには、昨日の経験があった。

「コモリン岬」という、外の世界に知られている英語の地名は、クマリという現地の言葉のイギリス人風のなまりで、クマリとは少女、特にここでは神話の中の、生命の源泉ともいうべき聖なる少女である。岬の先端にはこの少女を祀る聖所があって、インドの各地から訪れてくる巡礼者たちの信仰の対象である。参詣する男性たちは上半身裸とならなければならないが、それはこの少女神が男性の裸体を好むからであり、男たちはすべてその身体を少女神への捧げ物として礼拝を遂げる。胎内のように暗い空間をひしめき合う精子のように男性たちの群れにまじって本尊に達し、もういちど一気に明るい熱帯の陽射しの下に出ると、いきなり現代の巨大な政治的プロパガンダの図像が競い立っているという、何とも超現実主義的なトリップであった。

とにかくその土地の信仰を大切にするということは、旅する者の大切な心がけ第一条だから、私は現代人間として釈然としない気持ちはあったが、その地点から先に踏み込むということをしなかった。

私が足を踏み入れるつもりのないことがわかると、金切り声は止んで、一転して屈託のない明るい声があちこちから話しかけてきた。明るくなってきた光の中で見ると、みんな一〇代の前半くらいの男の子たちだった。思ったとおり、さっきまで漁船の陰でころがって寝ていた子どもたちである。家の中で寝るよりも気持ちがいいのだという。彼らはわたしがそれ以上足を踏み入れなかったことに、ほんとうに喜んでいた。

けれども理由は、わたしが想像していたものとは全然ちがった。

わたしが立っていた場所のもう一歩先は、突然の淵になっていて、どのくらい深いのかわからなかった。そういう場所は他にもあって、彼らは私がどんどんと歩いて行くので、どきどきしながらずっと見ていたのだという。よかった。と、彼らは口々に言って、くり返しうれしそうにうなずいてみせた。

それからいろんなとりとめのないことをネタに、結局その朝は陽の高く昇りきるまで、わたしはこの底ぬけに気のいい少年たちとふざけ合い、笑い合ってすごした。わたしがカメラをもっている事を見つけると、ひしめいて写真を撮ってくれとせがんだ。この本の扉裏の写真はそのひとつである。意味もなく無為に過ごした朝だったのだが、ふしぎに忘れることのできない一日となった。

人に話しておもしろいような「事件」は何もないから、旅の話をするようなときも、この日の話をすることはなかった。「現代社会の比較社会学」という主題で話をするときに、伝えようとしたことの核心、「数値にならないもの」「言葉にならないもの」の次元の存在ということにふれるとき、思い起こされているいろんな情景たちのひとつに、いつもこの写真の子どもたちと、この朝の記憶とがあったけれども、意味のない予感の切れはしみたいに、話の中からは削除されていた。

一五年もたって、二〇〇四年の一二月になって、突然この朝の経験の「意味」が、くっきりとした立体のようにわたしの中で立ち上ってくるということがあった。

二〇〇四年一二月の「スマトラ沖大地震」は、南インド一帯を襲う空前の津波となって、とりわけ東海岸の漁村漁村に壊滅的な被害を与えた。日本人の行かないカニャ・クマリについての報道は何もなかったから、インターネットで地域の現況を検索してみると、一件だけカニャ・クマリのレポートがあった。

ヴィヴェーカーナンダ・ロックというカニャ・クマリの沖合の岩場の上に、数百人の旅行者たちが津波のために取り残された。救助に向かったインド空軍のヘリコプターも、数回の「出撃」の試みの末に結局救助を断念し、水と食料を投下するほかは手の下しようもなかった。このとき一〇〇人以上ものカニャ・クマリの漁師たちが、高潮の逆巻く海に生命の危険を賭して小さい漁船でくり返し乗り出して行き、五〇〇人以上の旅行者たちの生命を救った。「私たちが今日生きているのは、この土地の漁師たちのおかげです。」と、プーナからの旅行者は証言している。取材した記者に漁師の一人は、「助けを求める人たちがいる。やるしかないでしょう。」と答えている。
一五年前のあの底抜けに屈折のない少年たちは、今立派な漁師たちになっている年頃である。写真の少年のうちの幾人かは、この果敢な行動に加わっていることはまちがいないと、わたしは思う。「やったな。あいつら！」わたしは自分の身内のことででもあるように誇りに思った。もちろんわたしにそんな権利など何ひとつないことは分かっているのに。それでもうれしくて仕方がなかった。大人になったら失われる、ということのない〈きれいな魂〉というものがある。〈きれいな魂〉の生きつづける世界というものがある。この世界を行動によって再生産し、守りつづける人びとがある。

一五年前、現代人間の感覚からすれば「何の関係もない」ひとりの旅の人間の、勝手な独り歩きを危険から守りぬくために、あんなにも金切り声を上げ、夢中で制止した少年たちの声は、やはりひとつの〈聖域〉を、守りとおす声であったのではないか。少年たちは失われてはならないひとつの〈世界〉の存在を、守りぬく声であったのではないか。少年たちの精神はそれを意識しないが、少年たちの身体がそれを反応してしまう。身体は精神よりも真正である。この〈聖域〉は、けれども区切られた聖域ではない。排除するための聖域ではない。全世界にひろがって行くこともできる聖域である。私たち自身の方でそれを拒否しているのでないなら。

二　〈魔のない世界〉

――「近代社会」の比較社会学――

無知におぼれている者は
あやめもわかぬ闇を行く
明知に自足する者は
いっそう深い闇を行く
——ウパニシャド

色彩にもまた近代の解放があった。

柳田国男は、このように記しています。柳田の『明治大正史世相篇』という本は、「近代社会」の形成の中で、日本人の生活とその感覚がどのように変化したかを、豊富な事実例と深い洞察力とをもって記した名著です。

この本の初めの三章を柳田は、「衣の変化」「食の変化」「住の変化」の記述にそれぞれ充てています。それと重ねて、一章では色彩と肌触りと音（視覚、触覚、聴覚）の変化、二章では味と香り（味覚、嗅覚）の変化が、考察されています。木綿の肌着の普及がどのように日本の若い男女の感覚をデリケートなものとしたか、など、どの部分の考察をとっても興趣のつきないものですが、ここでは日本人の感覚の歴史の、こまかい知識が目的ではなく、「近代社会」とはどのような生の世界であるかという、社会学的な大きな主題に光を当てることが目的なので、柳田の記述の冒頭の部分、「色彩の感覚の変化」を考察した部分を、集中的に展開してみたいと思います。

柳田はまず、近代以前の人々の感覚を知る手がかりとして、

手向《たむ》くるやむしりたがりし赤い花

という一茶の句を記しています。

この一句は、現代人であるぼくたちには、理解のできないものとなっています。言葉としてむつかしい言葉はひとつもない。「手向くる」は最近あまり使いませんが、仏さまに

「供える」ということです。あとは「むしりたがった」「赤い花」ということで、簡単明瞭です。しかしこの句は、何を言おうとしているのだろうか。この句は一茶がとてもかわいがっていた、幼い女の子が病気で死んでしまったときに、悲しみを抑えてよんだものです。それが分かってもぼくたちにはそれほど「意味」が伝わらない。世界のあり方、存在するものに対する感覚が、現代とは全く異なっている世界を前提としているからです。

1　花と異世界。「世界のあり方」の比較社会学

ハナという日本語には、花・華／鼻・岬／初・端など、たくさんの意味があります。(初、端は、「しょっぱな」「ハナ初めから」等々の語に使います。) 華は花の抽象化、岬は鼻のように出っ張ったところ、ということで、それぞれ同じ語であることはすぐわかりますが、／で区切った三つの系列(花と鼻と初)は、現代人には全然別の、たがいに無関係なコンセプトのように見えます。偶然の同音異義語にすぎないと。けれどもほんとうは、これらはみな同じ原義で、古代の日本語のハナ(正確には[Fana]と発音しました)という、ものご

との「気の集中する先端」みたいな部分や現象を指し示す言葉の用法たちです。「初」がなぜそうであるかというと、原始の時代の人々の時間や空間、世界についての感じられ方を前提として初めて理解できます。

アメリカ・インディアンのホピ族の言語についてのウォーフとサピアの研究(『言語・思考・現実』)は、原始人のものの感じ方についての興味のつきない資料ですが、ホピの言葉では「時間」というコンセプトはなく、近代文明を形成してきた諸文化の言語のように「過去/現在/未来」という基本的な「時制」もなくて、その代わりに「顕在態」(manifested)と「潜在態」(unmanifested)という二つの態様が、「世界のあり方」の基本のわくぐみを作っています。近代人の感ずる「過去」と「現在」はホピの言葉では同じ「顕在態」で、過去のものごとは近代人が考えるように「無いもの」ではなく「有るもの」としていわばこの世界の中に「蓄積している」と感じられています。このように「非時間的」な時間の感覚は、ホピだけでなく、多くの原始社会に共通しています(真木悠介『時間の比較社会学』序、一、二章)。そして「未来」は、「想像上のもの」などと同じに「潜在態」に属しています。「潜在態」をホピの人たちは「心中にあるもの」と言います。ただし人間の心だけでなく、動物や非生物の心の中にもあるものと感覚されている。たとえば雨雲から「雨がふり初《はじ》める」ことは、雨雲の心の中にあった雨が、顕在世界に現れ出たものと感じられます。つまりものごとの「初《はじ》まり」とは、潜在態(ウラの世界)から顕在態(オモテの世界)に現れ出た「出ばな」みたいなものです。

このホピの「顕在態」と「潜在態」という世界のあり方(感じられ方)は、今述べたように、世界の多くの文化の古層に共通するもので、日本文化の古層の感覚、「うつし世」と「かくり世」という世界のあり方(感じられ方)と、基本的に同じものと考えられます。文化によるヴァリエーションはありますが。

「花」とは何だったのだろうか。緑の茎や枝の先端などに、いきなり赤い花や青い花が咲く。あの赤い色や青い色は、今までどこに隠れていたのだろうか。子どものころ、ふしぎに思った人も多いと思います。考えれば「奇跡」みたいなものです。「ウラの世界」があると感覚していた時代の人間は、あの美しい色は「ウラの世界」に潜在していたと感じたにちがいありません。エリアーデという該博な比較宗教学者の研究では、世界のさまざまな宗教に共通して、「ヒエロファニー」(「聖なるものの顕現」)という考え方(感じられ方)があります。「聖なるもの」は、当然この世のものでなく「あの世」「かくり世」「ウラの世界」に属するものです。七色の虹や純白の鳥、朱の花や黄金色の花などの鮮烈なものは、この異次元の〈聖なるもの〉の、現世(うつし世)への出現態(「別世界の消息」)と感覚された。

レヴィ＝ストロースの『野生の思考』に、こういうエピソードが紹介されています。あるアメリカの原住民が、自分たちと白人との「主要な差異」として、近代人間の予想するさまざまの「大きなちがい」よりも先に、白人は平気で花を折るが自分たちは「花を折らない」ということを挙げた。比較社会学の核心に触れる問題であることをよく示している。

花はこの世にいっぱいに咲き乱れている「ヒエロファニー」、感動と畏れに充ちたもののひとつだった。日本でも江戸時代まではたとえ幼い子供であっても、花をむしることは止められていた。死んで「あの世」の存在となったときに初めて、花は手向けてもらえるものだった。あんなにもむしりたがっていた花だよ。今やっとお前に手向けてあげることができるよ。と、一茶は最愛の娘に話しかけている。

2　色彩の感覚の近代日本史

柳田国男がこの箇所で語ろうとしていることの中心は、「天然の禁色」ということでした。

「天然の禁色」というのは柳田国男の造語で、ふつうの「禁色」という言葉を基《もと》にしています。ふつうの禁色とは「制度としての禁色」、つまり権力によってふつうの人間には使うことを禁じられていた色です。よく知られているのは一六二七（寛永四）年の「紫衣事件」です。これは朝廷と幕府との権力闘争の焦点でした。特別に位の高い僧侶だけに紫の衣を許可することは朝廷の権限でしたが、徳川幕府の権威を確立する一環として、幕府があらかじめこれを認可した場合に限るということにした。後水尾天皇は朝廷の権威を守り通すべく、幕府の認可なしに沢庵和尚に紫衣を着せる。幕府側はこれを認めず、沢庵和尚は流罪、後水尾天皇は退位に至る。「色彩」の問題は、天皇の退位に至る社会問題であったわけです。

この事件には、世界史的な背景がある。ローマの時代に「帝王紫」と呼ばれた貝紫は、天然の染料が出せる最も高雅な色彩といわれ、ローマの皇帝たちが競って手に入れようとした。フェニキアのシドンやティルスは聖書にも出てくる都市ですが（ローマと覇権を争ったカルタゴはティルスの植民地でした）、これらの都市は「貝紫で栄えた」といわれています。もちろん誇張した表現ですが、それくらい重要な貿易の品目でした。この「貝紫」はユーラシア交易のルートを通って中国に伝えられる。もともと中国では黄色が最も貴い色とされてきたが、この貝紫があまりに高雅な色彩なので、王侯貴族が紫の方を貴ぶようになる。保守主義者である孔子が「紫が天下を乱す」と言って嘆いたくらいです。日本の聖徳太子が中国の制度にならって古代国家の初めてのシステム形成をしようとしたとき、冠位十二階の最高位に「紫」を置いたことには、ユーラシア幾百年の歴史の背景があった。日本の禁色には紫のほかに、くちなし、黄丹《おうだん》、深緋《しんぴ》、深蘇芳《しんすおう》がありますが、もともと、花などの色彩の鮮明なものに対する、この時代の人間たちの強烈な感動と畏れの感覚を前提とし、この色彩を権力が排他的に帯身し、あるいは配分することを通して、権力への畏怖畏敬の感覚に転化すること（社会学の用語でいうと感覚の権力による〈水路づけ〉canalization)に、禁色の社会的な本質はあったといえます。

この「禁色」と対比して柳田国男が「天然の禁色」と名づけているのは、権力による支配ではなく、民衆の自発的な社会心理ともいうべき禁色でした。この時代の日本人は、染料技術的には相当に派手な色彩も使用できたのですが、色彩には「わざわざくすみをかけて」地味な色彩として用いていたという。柳田はこのことの理由について、それは人々が色彩について、「あまりに鋭敏であった」結果であると観察しています。別のところでは、「あまりに痛切なるゆえに」鮮明な色彩は用いることができなかったのだと書いています。似たような心の動きは、例えば純白の衣類(カミシモなど)を、イロギ、イロカミシモ、イロギガミなどと、隠語化して表現する言い方にも表れています。「白」という色は、あまりに「清すぎ、また、明らかすぎた」から、いわば、電流の流れているような言葉で、ストレートに口にすることを避ける心理が働いていた。「天然の禁色」ということの背景には、人々の感受力、あるいは感動能力ともいうべきものの、強さ、鮮烈さが存在していた。

柳田はこの「天然の禁色」の社会心理の特質として、二つのことを挙げている。第一に自発的なコントロール、「特に制度を立てて禁止された」抑制ではないということ、第二に感覚的なコントロール、「必ずしも計算の結果ではなく」ということ。

柳田がその生涯で、中央官僚としての赫々《かくかく》たる地位をなげうって民俗学の研究に専心することとしたのも、ほんとうによい社会を形成してゆく基盤の力を、「法令で社会制度を造れるかのごとく誤認する」権力の手法ではなく、民衆自身のこの自発的、感覚的な心性の内に見いだそうとしたからだった。

＊

ユーラシア大陸のいくつもの文明の歴史を彩った「紫貝」は、今ユーラシアの全土で絶滅しています。それは今日新大陸のメキシコの、テワンテペックというところの太平洋岸でだけ生きています。貝紫というのは、紫貝から分泌される液体ですが、この液体はもともと黄色くて、それが太陽の光線に当たると、あの高雅な紫色に変色するのです。フェニキア人をはじめユーラシア大陸のいくつかの文明の人たちは、この貝をたたきつぶして液体を採取しました。メキシコのインディオたちはこの貝をつぶすことができなくて、ちょっと刺激して液体を自分の手になすりつけて採取し、貝は放してやっていました。この地方のインディオの男の子は成人して好きな女の人ができると、青年は彼女に貝紫を贈るために一生に一度の旅に出かけます。北米大陸の南の方の地図は、アカプルコからグァテマラに至る、ほぼ北緯一六度の線の東西に長い海岸がありますが、この熱帯の海岸線のうちの四〇〇キロメートル位の部分を、往復二カ月間かけて、貝紫を採取する旅に出る。約二五オンス（七〇〇グラム）の糸を染めるだけの貝紫が、この方法で採取できるそうです。この地域でだけ貝紫が今も生きつづけているのは、制度でなく、計算でなく、存在するものたちに対するデリカシー、世界に対する感受性の強さ、鮮烈さのためだったと思います。たかが貝紫ですが。こういうふうにしていろいろなものが、この世界からきえていくのです。

柳田国男が日本社会だけを研究の対象としたのは、柳田が自分で自分に課した「限界」のようなものですが、柳田が日本の民衆のうちに見いだした資質や可能性のすべては、世界の多くの民族や非民族のうちに共有されているものであると考えるべきものです。

*

近代化社会の日本人の感覚の変容を記述しながら柳田国男は、朱の解体、ともいうべき現象を観察しています。「朱の解体」とは、色彩が、強い情念や豊饒な想像力を触発する力を消失してゆく、ということです。緑の森白い岩石青い空灰色の雲等々を背景としてたとえば鳥居の朱塗りの柱の、自然界にはほとんど存在しない色彩の一気に巨大な直線性は、どのように強烈な印象を時代の人間に与えただろうか。

朱の分散は、ポストと信号と囚人服とから始まった。三つは関係のないもののように見えますが、二つの共通点がある。第一に、国家が近代化のために制定したものであること。第二に「目立たせる」ためのものであること。(赤信号は目立たなければ意味がない。囚人服の「赤い着物」は逃亡の初期の発見を容易にするという配慮からだろう。ポストは日本の郵便制度の発足のときに、「街のどこからでもすぐに見えるように」赤色に設定された。)

「目立とう」「目立たせよう」として競い立つものの赤い色は、次いで街街の商業的な看板に、昭和にはネオンサインに、それからエレクトロニックな光線たちに、資本主義経済の成熟とともに増殖し遍在化して、「目立つ」という機能を失う。原宿の竹下通りのような街区では、「個性的」であることを先鋭に競うものたちのひしめき合うこと自体をとおして、どれもそれほどのインパクトを与えることのできない、没個性のものたちの集合であるかのごとき情景に反転している。個性化の競合の帰結する没個性化は、近代社会の基本的な逆説の一環である。「現代人は少しずつ常に昂奮している」という表現で柳田が見ているものは、この社会の打ち消し合う「おどろき」の相殺、これが招来する夢の漂白、感動の微分ともいうべきものだった。

3 〈魔のない世界〉

マックス・ウェーバーの「プロテスタンティズムの倫理と資本主義の〈精神〉」は、一章でも触れたように、近代社会の理論の第一の古典といってよいものですが、ここでウェーバーが近代社会を形成してきた精神のキーワードとして語っているのは、〈魔術からの解放〉ということです。〈魔術からの解放〉とは、こう訳すのが正しいかどうか、問題もあるのですが、日本では〈魔術からの解放〉〈呪術からの解放〉〈脱呪術化〉〈脱魔術化〉などと訳されてきた言葉で、Entzauberung（エントツァウベルンク）という原語です。Ent-というのは、これ自体微妙な接頭辞ですが、ここではふつうに「離れてゆく」「脱する」「遠ざかる」という感じです。その次のZauber（ツァウベル）という言葉が大切で、魔術、呪術、という意味と同時に、英語のcharm（チャーム）に当たる意味、「魅力」とか「魅惑」という意味もあります。Entzauberungとは、この「ツァウベル」（魔的なもの）を斥けて離れてゆく、という感じの言葉です。近代社会は、いわば〈魔のない世界〉であると。

マックス・ウェーバーはこの言葉を、シラーが用いたEntzauberung der Welt（世界の脱魔術化）という表現から借りています。シラーの詩で世界中で最もよく知られているのは、ベートーベンの第九交響曲の第四楽章の主題となっている、有名な混声四部合唱の部分です。これは「歓喜に」というシラーの詩をベートーベンがこの最後の交響曲の主題として選んで作曲したものです。シラーの詩のリフレインの部分をちょっと聞いてみますが、みんなよく知っている曲ですね。（次頁の楽譜）

この曲は実は社会学にとっても、いろんな意味でとても大切な意味のある曲です。二〇世紀の後半の「冷戦」の時代に、ドイツは東ドイツ、西ドイツに分裂させられていました。ある年からオリンピックに、東西両ドイツの統一チームとして参加したのですが、その選手が金メダルを取った時には、西ドイツ、東ドイツのどちらの国歌でもなくて、この曲のこの部分が「国歌」の代わりに演奏されました。ベートーベンもシラーも、体制を越えてドイツの国民の共通の誇りであった、ということもあるのですが、それ以上に、この詩の内容が、「時代の流れがきびしく分断したものが、再び結合する。すべての人間は兄弟になる。」という理念をうたったものだからです。ドイツ人には、みんなそのことがよくわかるのです。一九八九年に「ベルリンの壁」を解体したドイツ人

たちの中には、この歌が鳴り響いていたと思います。

一九八六年に東京サミットが開かれたとき、アメリカ、イギリス、フランス、西ドイツなどの大統領、首相が空港のタラップを降りてくる時に、歓迎のためにそれぞれの国歌を演奏するのですが、サミットにはEC、今のEUの前身の「ヨーロッパ共同体」の代表も参加していて、このECの代表が降り立ったときには、やはり第九のこの合唱の部分が演奏されました。当然先方の選定によるものだと思いますが、ベートーベンがドイツだけでなく、ヨーロッパ文明全体の誇りである、ということもあるでしょうが、それ以上にこのシラーの詩の内容が、イギリスとフランス、フランスとドイツ、ドイツと英仏など、たくさんの戦争をしてきたヨーロッパ幾百年の歴史に今終止符を打って、ヨーロッパ「共同体」を作ろうというECの理念を表現しているからだと思います。この詩の中でZauber（ツァウベル）が、キーワードとして、要の位置に立っています。最近ドイツ語をとっている諸君は少ないと思いますが、ちょっと原文をみないと話が進まないので、後半のリフレインの部分だけ、ドイツ語で書いておきます（次頁）。直訳すると、

「おまえの〔「歓喜」の〕魔力（ツァウベル）は、時の流れがきびしく分断したものを、もう

Deine Zauber binden wieder,
was die Mode streng geteilt;
alle Menschen werden Brüder,
wo dein sanfter Flügel weilt;

一度結び合わせる。おまえのやわらかな翼が停《とど》まるところでは、すべての人間は兄弟となる」

というものです。ここでシラーは「ツァウベル」を、人間と人間とを結び合わせる、ふしぎな力としてうたっています。

シラーから得た「エントツァウベルンク」（魔術からの解放）という言葉をキーワードとする近代社会の形成論の中でウェーバーは、近代化をもっぱら肯定的なものとして、うらがえせば「ツァウベル」（魔的なもの）を、この歌の用法とは反対に否定的なもの、なくなってしまえばよいものとして語っているようにも見える。けれども「プロ倫」をきちんと読んでみると、このエントツァウベルンクという精神の性向が、「近代」の担い手であったプロテスタンティズム、とくにカルヴァン派とこの色彩のいくつかの宗派において、どのように人々をその友情から、隣人に対する信頼から、そして家族の愛情からさえ切り離し、一人ひとりを孤独な存在として生きさせたかということを、冷静に描いていきます。「魔術からの解放」という訳語には、日本での一般的なウェーバー理解の近代主義的な傾向が反映しているようにぼくには思えますが、ウェーバー自身は、シラーのいう〈魔のない世界〉としての「近代」の、その「合理主義」の、厚みの深いアンビバレンス（両価性）を、見すえていたように思います。

4　ツァウベルのゆくえ

今日の話の最初のところで、「手向くるやむしりたがりし赤い花」という一茶の句を考えました。柳田国男は、近代日本の色彩感覚の歴史をふりかえった節の終りに、この一句に照応するように、次のような観察を記しています。人びとが日々、自分自分の家ごとに、花を飾るということになったのは、近代の美しい習慣のひとつといえる。けれどもこのとき、かつてわれわれの「たった一輪の花を手に折っても、抱《いだ》きえた情熱は消えてしまった。新たに開き始めた花のつぼみに対して、われわれの祖先が経験した昂奮《こうふん》のごときものはなくなり、その楽しみはいつとなく日常凡庸のものと化した。」

柳田国男は親しかった泉鏡花が若くして死んだときに、（鏡花は近代化日本の中で異次元の世界の夢幻と、それから、近代人間自身の内にある「ツァウベル」とその運命を描いた作家でしたが、）これを追悼する言葉の中でこんなことを書いている。

「夢はゆりざましまぼろしは之をかき乱して、結局人間のただの道を、歩めとこそ責めたてるものが、ことに都の生活には充ちていた。あれはあれ、これは是《これ》、そうもあろうが、斯《こ》うも思うと、二つを生き分けて何の屈託もなく、……」

都市、という社会の原理の普遍化が「近代」である、と考えておくこともできる。都市という、共同体と共同体とが出会ってせめぎ合い、共同体の夢とまぼろしが相互に打ち消し合う社会の空間の存立の構造の内に、ぼくたちは「エントツァウベルンク」の、〈魔のない世界〉の制覇してゆくその根拠を見いだしておくことができる。

柳田国男の感受する「近代」のアンビバレンスは、ウェーバーの見すえていた「近代」のアンビバレンスと正確に呼応し合って、われわれの獲得したものの巨大と、われわれの喪失したものの巨大の双方を見はるかす空間の方へ、ぼくたちの思考を挑発して止まない。

三　夢の時代と虚構の時代

——現代日本の感覚の歴史——

現代の日本社会の骨格が形作られたのは、一九六〇年代から七〇年代の前半に至る、「高度経済成長期」です。一九四五年、第二次世界大戦の終結から現在に至る日本の現代社会史は、この根底からの変動の時代を軸に、基本的に三つの時代に区分しておくことができる。第一に一九四五年の敗戦と戦後改革から、一九六〇年に至る〈プレ高度成長期〉、これは高度経済成長期を準備する助走期であったと見ることができます。第二に六〇年代と七三年ごろまでの〈高度成長期〉自体。第三に七〇年代後半からの〈ポスト高度成長期〉。これは成立した「現代社会」の時代で、期間も長く、この時代の中に生きているわたしたち自身の感覚からすると、その中にいくつもの変動や時期の区切り目はあるのだけれども、〈高度成長期〉ほどにも社会のあり方の根底から変革してしまうものではありませんでした。社会の変容の仕方自体が別のものになった、というべきであると思います。

「現実」という言葉は、三つの反対語をもっています。「理想と現実」、「夢と現実」、「虚構と現実」というふうに。日本の現代社会史の三つの時期の、時代の心性の基調色を大づかみに特徴づけてみると、ちょうどこの「現実」の三つの反対語によって、それぞれの時代の特質を定着することができると思います。

第一に、一九四五年から六〇年頃までの、「理想」の時代。人びとが〈理想〉に生きようとした時代。第二に、一九六〇年から七〇年代前半までの、夢の時代。人びとが〈夢〉に生きようとした時代。そして第三に、一九七〇年代の後半からの、虚構の時代。人びとが〈虚構〉に生きようとした時代。

「高度成長期」との関連で見ると、「「理想」の時代」は「プレ高度成長期」、「夢の時代」は「高度成長期」、「虚構の時代」は「ポスト高度成長期」に、正確に対応しています。

現実との関わりということでいうなら、「理想」に生きようとする心性と「虚構」に生きようとする心性は、現実に向かう仕方を逆転している。「理想」は現実化(realize)することを求めるように、理想に向かう欲望は、また現実に向かう欲望です。表現のさまざまな様式の歴史において、リアリズムという運動が多くのばあい、理想主義的な原動機にうらうちされていたように、理想の時代は、また「リアリティ」の時代であった。虚構に生きようとする精神は、もうリアリティを愛さない。二〇世紀のおわりの時代の日本を、特にその都市を特色づけたのは、リアリティの「脱臭」に向けて浮遊する〈虚構〉の言説であり、表現であり、また生の技法でもあった。

1 「理想」の時代——プレ高度成長期

「理想」の時代とは、もちろんそれが理想的によい時代であった、という意味ではなく、人びとが「理想」を求めて生きた時代、ということです。そして「理想」の内容もまた、これから見るように、いくつかの「水準」をもち、そしてたがいに対立し合うものでした。

一九三一年の満州事変を発端とする「十五年戦争」という神話の時代が破砕されると、まず焼け跡の裸出した現実があった。アメリカ空軍の都市焦土作戦によって一切の人工物を解体された都市の大地に、形態を失ってただの物質と化したガラスや鉄骨や、動物としての人間たちの欲望が散乱し重積していた。けれども過剰に肥大した大脳皮質・前頭葉をもつ動物たちのこの欲望はその翌日から、もう新しい「生きる意味」——「理想」のいくつもの形を立ち昇らせていました。

この時代の日本を支配していた二つの大文字の「理想」は、アメリカン・デモクラシーの理想と、ソビエト・コミュニズムの理想とでした。この両者は対立しながら、共にこの時期の「進歩派」として、「現実」主義的な保守派の権力と対峙していた。

けれどはじめにみたように、「理想」を追う者は、また現実を追う者でもある。「進歩派」の代表的な論客であった丸山真男の「「現実」主義の陥穽」という論文の論理はこうだった。「現実」には二つの側面がある。現実によってわれわれが制約され、決定されている側面と、現実をわれわれの手で決定し、形成してゆく側面とである。いわゆる「現実」主義者とは、現実のこの第一の側面だけをみて、現実を変革する道を手放す者である。現実の第二の側面、われわれ自身の手によって切り拓いてゆくものとしての側面をもみるものこそが、真に現実をみる者なのだ、と。このことは(虚構主義者とちがって)、理想主義者の、現実志向をよく示している。事実アメリカン・デモクラシーもソビエト・コミュニズムも、それぞれの「進歩史観」にもとづいて、彼らの理想が人類の必然的な未来であり、やがて必ず「現実」となるものであることを疑わなかった。

一方大衆の現実主義はどうか。この時期に少年時代をすごしたわたしは、大人たちのこういう会話を耳にする。たとえばある娘がなかなか結婚しないことについて、その親がいう。「この娘は理想が高いので」と。この理想とは多くのばあいその文脈から、要するに経済的・社会的地位と生活能力の高い男性のことである。生活者の日常の会話の中で「理想」という言葉の指し示す実質は、ほぼこのようなものでした。(「理想の結婚」、「理想の職業」、「理想の住まい」、「理想の炊飯器」)。現実主義者も、またその理想を追っていました。それは「生活の向上」、とくに物質的な豊富化という理想であり、これが日本の経済復興の駆動力でした。

この時期の日本の民衆の現実主義は、日本は結局アメリカの「物量の力」に敗けたのだという、強烈な印象から出発しました。この時期の前半(一九五二年まで)、アメリカ軍による占領の時期は、この国土のすみずみにおいて、日々この唯物論的な確信を強化しました。この時代を更に五年毎に三つの時期に分け、それぞれを「食の時代」→「衣の時代」→「住の時代」と名づけた社会心理学者もいるように、大衆の欲望の主要な焦点は、動物としての必要性、緊急性の順位にしたがって、また経済の復興の局面にしたがって移行するのだけれども、どの段階でも、American Way of Life(「アメリカ人みたいな生活」)への渇望が、この時代の現実主義者を、また「理想」主義者としました。つまり〈未だないもの〉を求める者たちとしました。

*

理想主義が現実主義であり現実主義が理想主義であったこの時代の日本人を、〈虚構の時代〉からふりかえってみると、それは人びとが、「現実」というものに疑いをもたなかった時代といえる。

一九世紀の日本が photography に、「写真」(copy of reality)という訳語をあてて愛好した時、それはこの時代の日本人の、リアリティへの愛着と信頼をよく物語っています。戦後の第一期、一九五〇年代に映画の technicolor film が日本に入って来た時、日本人はこれを「天然色」と訳していました。technicolor を直訳するなら「技術色」「人工色」だから、「天然色」(natural color!)という日本名は、価値づけの力点を反転しています。テレビジョンの普及する前の映画の全盛時代だから、街々の映画館には「総天然色」という巨大な看板が競い立ちました。photographyを「写真」と翻訳した欲望と同じ欲望が、この時期には未だ息づいていたのです。一〇数年後、テレビジョンのカラーがこの国に浸透した時、日本人はもう、「天然色テレビ」という言い方はしなかった。

第一期の終りに近く、一九五〇年代の後半に、「太陽族」と当時呼ばれた青年文化の口火を切った、石原慎太郎の『太陽の季節』という小説の主人公は、硬直したペニスを障子につき立てるという実体主義的な求愛の様式をとった。これはこの当時「新しい」もの、「戦後」の終りを告知するものといわれたけれども、一九八〇年代以降の諸文学からふりかえってみると、それはなお典型的に「リアリティ」の時代の身体技法であった。

一九六〇年の、日米安保条約の改定＝継続に対する闘争の昂揚は、この時代の「理想」主義者と「現実」主義者の、最終の決戦となった。時の内閣が国会で強行採決を行なったことから、これに抗議する二つの「理想」主義的な党派は共同して「現実」主義者の権力に当たり、そして敗れた。戦後日本の大文字の「理想」の時代は、具体的には、ここで終わります。

2 「夢」の時代――高度成長期

一九六〇年代の日本は、社会構造の根底からの変革の時代でした。日米安保条約の改定を使命とした岸内閣の後を引き継いだ池田内閣（一九六〇～六四年）の、日本社会改造計画の二本の柱は、農業基本法（六一年）と全国総合開発計画（六二年）という表裏をなす政策でした。前者は、「農業構造改善事業」等に具体化され、それ以前の日本社会の基底をなしていた農村共同体のドラスティックな解体＝小農民の切捨てによる近代化をはかり、他方後者は、「新産業都市建設促進法」等に具体化されて、全国土的な産業都市化を促進しました。その社会的な機能は、あるいは「歴史的な役割」は、第一に、当時農民の圧倒的な多数を占めていた小農民への保護を打ち切ることによる、公共投資の工業開発への集中であり、第二に、「貧農切捨て」による、大量の賃金労働者、およびその予備軍の創出［①挙家離村＝都市流入者、および②留村脱農＝新産業都市等への通勤者］であり、第三に、巨大資本による地域・農業部門の掌握・再編成［①生産・生活手段の市場として(農薬農業化、等々)、②流通・加工過程の掌握」でした。つまり高度経済成長にとって直接に必要な、①資本、②労働力、③市場、の三者の一挙の形成、ということでした。その結果、工業地域開発、新産業都市、コンビナート、臨海工業地帯、等々、列島の全体的な再編成が行われます。たとえば一九六〇年になお人口の三〇%以上を占めていた(自営)農林漁業者の比率は、一九七〇年には一八%に(七五年には一二・七%に)激減します(表1・1)。専業農家戸数は一九六〇年の二〇八万戸から、七〇年には八四万戸となる(表1・2)。つまり六〇年代の一〇年間で、六〇%を減少します。入れかわって都市ホワイトカラー層が一挙に増大します(表1・1)。

このような社会構造の変動は、家族のかたちを変革します。農村共同体とならんで、それ以前の日本社会の基底をなしていた大家族制は、明治維新による近代化の開始ののちにも長く維持されつづけて、村落共同体の秩序とエートスとともに、近代天皇制の構造と意識の底辺を支えてきましたが、「戦後変革」によって法的な支持を失って後も、一九五〇年代半ばまでは、実態として存続します。欧米の先進近代化諸国と異なって、近代化の相当の進展の後も、一世帯当たりの平均家族員数は、日本では減少することがなかった。

表1　「高度成長期」の日本社会の構造変化

表1・1　階級・階層構造(有職者中，%)

	1950	1960	1970	1975
企業経営者	1.9	2.7	3.8	5.9
自営業主	58.9	>45.7	>34.9	>29.4
内，農林漁業者	44.6	>30.6	>18.1	>12.7
被雇用者	38.2	<50.5	<60.1	63.3
内，専門・技術・事務	11.9	<14.2	<18.7	<21.3
販売・サービス	4.3	< 7.8	<10.5	11.5

表1・2　農家戸数(万戸)

	1926……	1955	1960	1965	1970	1975
全農家戸数	556……	604	606	567	540	495
内，専業農家	409……	211	208	>122	>84	62

表1・3　都市人口比(%)，家族規模(一般世帯1世帯当たり人員)

	1920……	1950	1955	1960	1965	1970
都市人口比	18……	39*	56*	65	68	72
世帯人員数	4.89……	4.97	4.90	>4.53	>4.01	>3.55

[＊：都市人口比の統計は，日本では，1953年から56年までの時限立法「新市町村合併促進法」の施行による，名目上の「都市」の増大と都市域の拡大があったので，この間の数はそのまま実質的な都市化の指標とはならない]

(一九二〇(大正九)年の第一回国勢調査時四・八九人→一九五五(昭和三〇)年になお四・九〇人。表1・3。)けれども一九五〇年代の後半からにわかに急速に減少し始める。一九六〇年四・五三、六五年四・〇一、七〇年三・五五、そして七一年には三・五人を切ります(三・四八人)(表1・3)。近代化の速度の急速であったアメリカでさえ、平均世帯人員数が四・九人から三・五人に減少するのには、六〇年を要しています（一八九〇年から一九五〇年まで）。このアメリカの六〇年分の変化を、一九六〇年代をはさむ一六年間で、日本は駆け抜けました。

それは単なる数字の変化ではなく、「拡大家族」から「核家族」への変化であり、家族の関係、男女の関係、女性の人生、男性の人生、子どもの育ち方、性格形成、人生の「問題」の所在、等々の一切の変革でした。

一九六三年に行なわれた全国的な社会心理調査の項目に、明治維新以降一〇〇年の日本の近代化の歴史の中のそれぞれの時期を、もし色彩で表わすとしたら、何色がふさわしいと思うかという問がありました。時代の国民のイメージの中の、近代日本史のスペクトルです。結果は次のようでした。（表2）（日本テレビ「テレポール」調査）

表2

明治時代	大正時代	昭和初年	戦争中	終戦直後	現在
紫	黄色	青・緑	黒	灰色	ピンク

明治は紫、大正は黄、昭和初年は青・緑という歴史のイメージも論ずべきことは多いのですが、ここでは省きます。戦争中の「黒の時代」、敗戦直後の「灰色の時代」と明確な

対照をなして、一九六〇年代前半の国民的な社会心理は、この時代を「ピンクの時代」として自己意識しました。それはこの時代自身のことばで、「泰平ムード」と名づけられました。心理学者が「後退禁止」と名づけている記憶のメカニズムによると、激しい体験のあった直前の平穏な時期の記憶は、忘れられやすいものです。六〇年代末からの激動の時代のために、それに先立つこの時期の「泰平ムード」は、後世ほとんど忘れられました。けれどもこの時代それ自体の内部にあっては、ほとんど「歴史の終り」という意識、戦争と、敗戦と、急激な経済復興という激動の歴史のあとで、もうこの国には基本的には何事も起こらないのではないかといった、幸福な終末の感覚があった。こういう時代にいらだつ者、批判する者はもちろんあったけれども、それはこの「繁栄ムード」に「とり残された」貧困層を忘れるなという告発や、この「泰平感」それ自体の低俗さ、つまらなさを批判する意識であって、それがナイーヴな意味であれ、シニカルな、アイロニカルな意味であれ、時代が「幸福」の時代であるという感覚は共有されていた。

大衆の社会心理の時代的な変動を敏感に反映するデータのひとつはヒットチャートだけれども、日本近代の流行歌の歴史の中で一番大きな変わり目のひとつがこの時期でした。

大正期(一九二〇年代)に形成された日本の「歌謡曲調」という、「ヨナ抜き短音階」を基調とする半近代的=半伝統的な曲調にとって代わって、純粋に西欧的、近代的な曲調がこの時期はじめて、そして急激に、メジャーの流行歌の支配的な傾向となった。一九六一年に、それまでの「歌謡曲調」(演歌調)の感性世界を破砕するような流行をみせた「上を向いて歩こう」(坂本九)と「スーダラ節」(植木等)が、先陣を切った。植木等は、演歌の発声の基本をなしている「浪花節」の発声法と、ちょうど対極の発声法をとった。浪花節(→演歌)の発声は、肺から息がでてくる途中で、のどにも鼻にも最大限の抵抗をつくり、声を幾重にも屈折させながらしぼりだすような発声です。これに対して、「ビノサンをのんで鼻づまりをなくしたような声」と寺山修司が評した植木等は、のどにも鼻にもなに一つ抵抗がなくて、声がスポンとつきぬける歌い方をする。この抵抗感の非在こそ、この時代の感覚だった。(図1)

この系譜の先駆をなした一九六〇年の「ありがたや節」は、抵抗感を無抵抗感に転回する大衆の反語の笑いを表出していたが、六一年の「スーダラ節」「上を向いて歩こう」から、六二年の「いつでも夢を」「可愛いベイビー」「恋しているんだもん」、そして六三年

植木等の表情

浪曲の表情(松川八洲雄画・日本読書新聞 1961 年 11 月 27 日号から)

図 1

の大ヒット「こんにちは赤ちゃん」に至って、屈折の痕跡は少しずつきれいに払拭されて、この「ピンク色」の〈夢の時代〉の、大衆の気分をいっそう純化して表出する声となります。

放送メディアでは、六〇年代初期を代表したホームドラマ「チャッカリ夫人とウッカリ夫人」のテーマソングは、「小さな町です／小さな家です／小さなお庭です／だけどいっぱい夢がある／夢　夢　夢見ケ丘十番地」(菜川作太郎詞)と、毎日歌っていました。

「第一期」の理想主義者たちの信じた現実は来なかったけれども、現実主義者たちの望んだ理想は実現したのだと、このホームドラマの主題歌は歌っていました。

この時代のこの社会の広範な「幸福感」には、つぎの六つの要因が重なっていたと思います。第一に、「食、衣、住」という、動物としての人間の基本的な要求が一応の充足を見たこと。第二に戦中から戦後という、貧しさと悲惨の時代の記憶が未だ新しかったこと。第三に人口構成的に、戦後期のベビーブーマーが思春期、ハイティーンという、幸福感受性の高い年齢にあったこと。第四に古い共同体が解体し「近代核家族」という、新しい自由な愛の共同体が成立したこと。この新しい〈細分化された共同体〉の矛盾や問題点が露呈するまえに、とりあえずその自由と愛とを味覚する局面にあったこと(近代家族のハネムーン時代)。第五にこの局面の日本の経済成長が、(主として「貧農の二男、三男」という、それ以前の日本社会の最底辺を構成していた人口から成る農村出身の「中学卒」労働者たちが「金の卵」として需要され歓迎されていたように、)ボトムアップと階層の平準化に向かう方向で機能したこと。第六にこの少し前、一九五〇年代にアメリカで成立した「消費資本主義」、大衆の幸福と経済繁栄が好循環するという形式がちょうどこの時期の日本で成立したこと。テレビジョン、洗濯機、冷蔵庫というこの時期はじめて普及する電化製品=「家庭の幸福」というイメージ(幸福資本主義!)。

＊

第二期の前半がこのように「あたたかい夢」の時代であったとするなら、一九六〇年代末からの数年間の第二期後半は、「熱い夢」の時代といえる。アメリカ、フランス、ドイツを中心に当時の先進資本主義諸国をおおった青年たちの反乱の波は、六〇年代高度経済成長をとおしてちょうどこの時期にこれらの諸国と経済的に肩を並べたばかりの日本にも、呼応する波頭をもつこととなる。

この時期のラディカルな青年たちが求めていたものは、一〇年前の「六〇年安保」の運動の担い手たちが求めていたような、アメリカン・デモクラシーの理想とかソビエト・コミュニズムの理想ではもはやなかった。むしろこれらの政治的な理想に向かう運動やこれに対立した「現実」主義者の経済的な理想の実現が生みだしてしまう、新しい形の抑圧や非条理からの解放というべきものだった。アメリカン・デモクラシー派の理想主義の現実（「戦後民主主義」）、ソビエト・コミュニズム派の理想主義の現実（「スターリニズム」と「旧左翼」）、そして「現実」主義者の理想の実現がもたらしたもの（「近代合理主義」、「豊かな社会」とその「管理システム」）こそが、まさしくこの時代のラディカリストの攻撃の標的だった。要するに戦後第一期のさまざまな「理想」のかたちに対する、それはいっせいの反乱でした。

「ゲバ棒」に象徴された直接に政治的な、あるいはむしろ物理的な運動の形態自体には反発するか、無縁のものと感じる青年の方が多数であったはずですが、政治的な闘争の昂揚をはさんで前後に持続していたヒッピー・ムーヴメントや、フラワー・チルドレンのようなこの時代のさまざまな世代の試行の内にも、新しい時代のかたちと生のかたちが今、ここから開かれて来るはずだという、熱い夢たちが奔騰していた。だから運動の政治的な突出部分が物理的に鎮圧されつくした後にも、この時期の熱気の内に垣間見られた夢たちは、コミューンのさまざまな形態や、表現のさまざまな様式の実験のうちに、新しく解放された空間と時間と関係性とを創出する試行たちとして散開しつづけていた。

3 「虚構」の時代——ポスト高度成長期

一九七三年の「オイル・ショック」は、六〇年代をとおして継続した日本の「高度経済成長」の時代の終りを告げます。七四年には実質経済成長率が戦後はじめてのマイナス成長を記録する。この年の『経済白書』の副題は「経済成長を越えて」と題され、七五年「新しい安定軌道をめざして」、七六年「新たな発展への基礎がため」、七七年「安定成長への適応を進める日本経済」と、七〇年代中葉を通して、「高度成長」から「安定軌道」への軌道修正が追求されます。かつて一九六三年に「先進国への道」と題されたこの白書の副題は、八〇年には「先進国日本の試練と課題」と記されます。この一七年間の内のいつからか、日本は自己を「先進国」であると意識しはじめたのです。

「終末論」と「やさしさ」という、一九七四年の日本の二つの流行語は、社会構造のこういう転換に呼応する社会意識であると同時に、その後二〇年ほどもの間、一九九〇年代に至るまで、時代の感性の基調を表現する言葉となります。時代の文学は、『限りなく透明に近いブルー』（一九七六）の村上龍から、『なんとなく、クリスタル』（一九八二）の田中康夫、『世界の終りとハードボイルド・ワンダーランド』（一九八五）の村上春樹、そして八〇年代末の吉本ばなな（『キッチン』一九八八、他）に至るまで、時代を下るに従って前の時代の狂暴なもの、熱いものの余燼を完璧にそぎ落とし純化しながら(そしてもう言葉としてはそういう言葉さえ手放しながら)、終末の感覚と「やさしさ」のさまざまなヴァリエーションを表現していた。一九九四年には時の内閣自体が、「人にやさしい政治」をコピーとするに至ります。二〇年にわたる流行語。

*

一九六〇年代の時代の色価が「ピンク」であったなら、八〇年代の時代の色価は、透明感のある白さだろう。吉本ばななの作品を映像化した森田芳光の監督作品『キッチン』(一九八九)の基調色がそうであるように。

森田芳光のもう一つのよく知られた作品『家族ゲーム』(一九八三)では、家族という、社会の中の「実体的」なもの、「生活的」なもの、「リアルなもの」の最後の拠点ともいうべきものまでが、この時代のいわば虚構化する力のごときものに、その日常の底からすくい上げられている風景が描かれている。この映画はまた、食卓におけるこの家族の坐る位置の斬新さが話題となった。この家族は食卓において、古典的な家族の食事のようにたがいに対面することがなく、バーのカウンターに一列に並ぶ客たちのように並列して坐る。「だんらん」しないのです。視線は交わることもなくまた支配することもなく、並行している。このような家族は「不自然」だし「非現実的」であるという、古典的なリアリズムからの批判もあった。しかしこの時代の日本の家族は、一般にテレビジョンを見ながら食事をするから、坐る身体の配置はともかく、視線の方向も心の配置も、事実上並行的になっています。こういう視線の並行性の具象化された表現として、『家族ゲーム』の食卓は固有のリアリティをもつ。開き直れば、この時代の現実自体の非・現実性、「不・自然性」、虚構性をこそ、この映像は的確に定着しています。

山崎哲という、この時代の青年たちに人気のあった劇作家の指示する舞台も、「家族」の根底的な虚構化をよく描いていました。新聞を読む夫と縫い物をする妻の間の一見ごく古典的な夫婦の会話がひとしきり続けられたあとに、「わたしたち、今日も、夫婦の会話をしたわね」と妻が確認したりする。「家庭の幸福」が、演技されている。演技されている、ということが、この時代のリアリティを表現している。舞台の外部でも、青少年の非行化を防止しようとする地方自治体などが、「一日一五分は親子の対話を」と呼びかけたり始めたのも、この時代です。関係の、最も基底の部分自体が、「わざわざするもの」、演技として、虚構として感覚される。（少年たち、少女たちの側の「やってられないよ」という言い方。）

＊

一九九〇年代、二〇〇〇年代に続発する「新しい型の犯罪」の先駆とされ「典型例」とされる、八九年の幼女連続誘拐殺人事件の加害者の青年は、個室の窓までもおおいつくした数千本のビデオテープに囲まれた暗い空間で、映像の世界を生きていた。戦後第一期の代表的な性犯罪者小平義雄は、「米を安く売る所」を教えるといって主婦たちを連れだして犯したが、この第三期のビデオ青年は「写真をとってあげる」といって幼女を誘いだし、撮影して鑑賞していた。生活と肉体のリアリズムから、映像の脱リアリズムへ。

「写真」という日本語訳がその時代の日本人の、リアリティへの欲望を表現しているということをみてきたが、この現代の写真青年にとって写真とは、「写されたものこそが真」という、時代の認識論＝存在論を生きる媒体に転回している。「写すこと」と「真なるもの」との、場所の反転。

この時代の幼稚園などの子どもは、たとえば電線にスズメが止まっているのを見て、「あ、スズメが映っている」という言い方をしたりするのだという。モニターの画面を見るように世界は見られ、感覚される。

ジャーナリストを養成する学校で教えている友人の証言によれば、そこに来ている二〇歳前後の人たちに、「現代社会にリアリティはあるか」というレポートをださせたところ、結論は、リアリティなんかないというのがリアリティなんだ、というのが多かったという（小阪修平他『現代社会批判』）。

一九八三年に開園された東京ディズニーランドについて詳細な分析を行った都市社会学の吉見俊哉は、この人工の空間の、徹底して外部を排除する自己完結性の戦略について、（ロサンゼルスのディズニーランドについて語ったボードリヤールの考察とも呼応しながら、）それが東京という現代の都市そのもののハイパーリアルな存在の、凝縮されたモデルに他ならないことを見いだしている（「シミュラークルの楽園――都市としてのディズニーランド」）。

東京という都市の歴史の、さまざまな時代を体現する「盛り場」の中心が、浅草→銀座→新宿→渋谷という仕方で移行してきたことを、吉見はもう一つの仕事の中で見いだしているが(『都市のドラマトゥルギー』)、ここでの時代区分との対応でいえば、〈新宿〉は第二期を体現する盛り場であり、〈渋谷〉は第三期を体現する盛り場である。

渋谷はそれまでの猥雑な副都心の内の一つという地域性から、一九七〇年代以降の、西武資本による大規模な都市演出をとおして、この「第三期」の、「ハイパーリアル」な感性を先端的に体現する巨大な遊園地的空間として変貌をとげる。「かわいい」「オシャレ」「キレイ」ということが、この空間に在るものたちの条件である。それは吉見も指摘するように、「ある排除の構造、「かわいくない」もの、「ダサイ」もの、「キタナイ」ものに対する、排除の構造を内包している」。「第二期」の熱い夢たちの一つ、ヒッピー・ムーヴメントのカリスマ的なリーダーの一人であった詩人山尾三省は、七〇年代に日本の南の端の島々の一つ、屋久島に移り住んで百姓をしている。年に一度位東京にも来るが、すり切れたジーパンと長靴というスタイルを変えない。七〇年代後半にはすでにこのスタイルは異端であったが、未だ異端であることに胸をはっていることができた。けれども八〇年代末以降の東京、とりわけ「渋谷」周辺の視線の中では、「居場所の無いこと」を感じるという。すりきれたジーパンと長靴の中にこの遊園地的空間が感受して排除しようとするものは、土のにおいや、汗のにおいといったものだろう。

リアルなもの、ナマなもの、「自然」なものの「脱臭」に向かう、排除の感性圧。

一つの社会はその生産の始点においても消費の末端においても、結局は土のにおいや汗のにおいや、「キタナイ」仕事や「ダサイ」仕事を前提とし必要とするほかはないのだけれども、「オシャレ」で「キレイ」な虚構の空間の住人たちが手をつけようとしないこれらの仕事を、この時期急激に増加し始めた移民労働者、あるいはブラジル日系人などのUターン移民労働者が代位しつつある。あるいは貿易と資本輸出の機構をとおして、みえない諸世界の農民や漁民や労働者が代位している。無菌遊園地としての都会の視線はそれらを見ることを自ら禁止し、相互に禁止する。ダサイことは語るな。思考するな。「かわいい」世界のマリー・アントワネットたちの、あっけらかんとした、残酷。

二〇世紀末の東京はまたそのビジネスの中心の、「三区から3Aへ」の移行としても語られる。千代田・中央・港というこの都市の伝統的な都心から、AKASAKA・AZABU・AOYAMAという「国際都市」へ。そこはニューヨークとロンドンの市況、中東やパナマ運河の情勢に即応する「二四時間情報都市」である。人工の光、人工の熱のシステム化された時空の内部で、動物としての人間の肉体のリズムを完全に解体し、抽象化して再編成したビジネス・エリートや非エリート達が、引き出しやアタッシュ・ケースに幾種類もの錠剤やアンプル剤――ビタミン剤や消化剤、カフェイン剤や睡眠剤、精力剤を用意して心身症を鎮圧しながら、情報を操作しつづける。

一九九〇年「リゲイン」と名付けられたあるドリンク剤のテレビCFのキャッチコピーは、「二四時間戦えますか?」という強迫でした。航空機の中で世界を駆けめぐり時差と戦う「ジャパニーズ・ビジネスマン」の人形たちの画像を背景に。

現代世界の究極の問題とされる環境、公害、資源、エネルギーの問題がすべて、外的な自然の解体とその限界という界面に生起する問題群であることと同じに、これらの薬剤と心身症は、現代社会と現代人間の内的な自然の解体とその限界という界面に展開しつづける戦闘の形態として把握することができる。

虚構の空間と虚構の時代は、どこまでつづくか？

ここに成立した現代の「情報化／消費化社会」の構造とダイナミズムと、矛盾と限界とその可能性とは、あらためてその正面から体系的に展開します（別著『現代社会の理論——情報化・消費化社会の現在と未来』）。

四　愛の変容／自我の変容

——現代日本の感覚変容——

国境のさびしき村に夕餉《ゆうげ》とる殺人犯と名乗る男と　ボリビア　今雪史郎

十六歳指紋押捺する前夜針で指紋をつぶせし女生徒　山嵜泰正

一人の異端もあらず月明の田に水湛《たた》え一村眠る　田附昭二

犇《ひし》めきて海に墜《お》ちゆくペンギンの仲良しということの無惨さ　大田美和

新聞の「読者の短歌」欄の作品の二〇年分を通読して、この間の日本社会の変動の中で論じてほしい、という依頼で、一九七〇年代初頭から九〇年代初頭までの何千首かの作品をみる機会があった。けれども結果として強く印象づけられたのは、この最後の時期、一九九〇年前後の、主として若い世代に属する作者たちの表出をとおして見られる、対人感覚、自己感覚、世界感覚のめざましい変容だった。結局この時期の作品だけに絞って短い文章を書いた。世紀の明けた現在の時点でもう一度この材料を取り上げて、この時期以降の日本人の感覚の変容について考えてみたい。

1 「共同体」からの解放

冒頭においた四首は、世紀の変わり目の日本社会の基本的な変動であると同時に課題でもある、「国際化」ということをめぐるいくつかの側面に触れるものです。

第一首「国境の」という、ボリビア在住の日本人の作品は、「国際化」の外延的な広がりを直接に示しています。ラテンアメリカはアフリカとともに、これまで日本人にとって最も遠い世界だった。日系移民のコロニーという独自の文化世界は明治からあったけれども、それとは少し違った感触でビジネスとか留学、その他の目的で、この地球の反対側の大陸で、ディープな日常性を生きながら、日本社会にとって異質なものとの接触を経験する日本人が、ふつうになっている。今雪史郎という作者はペンネームかもしれないですね。今往きし男、という感じの。

この本の扉の写真は、ちょうどこの歌がよまれた時期に私がボリビアからペルーに越境したときのですが、いろんな地理的な理由から、この同じチチカカ湖畔の村である可能性も大きいかと思います。やっぱり小さい村の、中庭にごつい木のテーブルとベンチだけがあるみたいな食堂で、わたしは真っ昼間の全天につきぬけるような陽射しの下でひとりで食事をしたのですが、あれが夕食なら「さびしい」だろうなということはよくわかります。

二首目「十六歳」は、これに対して「内なる国際化」の主題です。初めてこの話を聞く人のためにちょっと説明を加えておくと、一九九九年まで日本には「指紋押捺制度」があって、居住する外国人に指紋の押捺を義務づけていました。実施の仕方は何度か変更されましたが、一九八二年以後は、一六才以上の人に義務づけられる、という形でした。これに似た制度のある国はほかにもありますが、外国人のみに差別的に行なわれ、かつその子々孫々にまで永代的に義務づける、という国は日本だけでした。この歌(一九九〇年)の当時、日本の在日韓国人、朝鮮人の若い世代は、多く在日三世くらいで、もの心ついたころから日本人の友だちの中で、日本語を話して育った世代だったので、一六歳になると突然呼び出され、「外国人」として、「潜在的犯罪者扱い」とさえ感覚されることも多い指紋押捺を義務づけられることは、ちょうど多感な年齢でもある一六歳の少年たち、少女たちに屈辱感、差別感を与えるものでした。

指紋押捺の制度についてひと通りのことを知っている人も、この歌のような作品をとおして初めて、その当事者の屈辱の深さ、怒りの深さを切実に知ることができます。社会システムの、一人ひとりの人間にとっての「実存的」な意味、あるいは〈社会構造の人間的な意味〉ともいうべきものへの、感覚をもって理論を進める、ということが、社会学という学問の、基本的に大切なモチーフのひとつです。

針で指紋をつぶしたという高校生たちの時代と重なってひきつづく時代、一九九〇年代、二〇〇〇年代の日本の少女の間には、リストカット、手首を切るという自傷が、何万人という規模で行なわれています。あるリストカッターの高校生は、少しずつ深く切るようになり、動脈から吹き出す血を受けるバケツをあらかじめ用意してから、手首を切るのだということです。幾百年、幾千年という比較社会の目で見ると、これはほんとうに異常な社会、狂気に似た社会とさえ見えるかもしれません。民族差別に抗議する社会意識から指紋を針でつぶす少女と、九〇年代、二〇〇〇年代のリストカッターは、とりあえず全く無関係の、むしろ互いに感覚的には反発しさえするかもしれない、対極的な存在であるように見える。けれどもリストカットは、何かの限界差異的な「異質性」のゆえに、クラスメート等々の共同体から排除されたことに対する、プロテストの意識／無意識が最初の契機となっている場合が多く、ふつうに別個に論じられているよりも以上に、二つの自傷する身体たちの精神風景は近いものであるかもしれない。それ以上に、現代の若い人たちの身体を自分で切り刻むような圧力として働いている、日本社会の、異質なものを排除する力学ともいうべきものは、大きい社会と小さい社会を貫通して、同型のものということができる。

一九九〇年代に何年かの間、わたしの所に来ていたアメリカの留学生で、ガーリーという気のいい青年がいて、下町の谷中《やなか》の「長屋」みたいなたたみの家を借りて住んでいました。彼は日本人になるつもりで、日系のアメリカ人がたくさんいることと同じに、「アメリカ系日本人」になるのだと言っていました。彼が日本人とよい友達になると、いつもきまって聞かれる質問は、「いつアメリカに帰るのですか？」ということで、さびしくなる質問です、と言っていました。わたしは日本人なので、この質問をする日本人の意図もよくわかる。たぶん悪意ではなく、彼がいい奴なのでいつまでもいてほしいのだが、まさか日本人になりたいアメリカ人がいるとは考えないので、いつまで日本にいてくれるのかなあ、というつもりで聞くのだと思う。けれども聞かれた方にしてみると、たとえばよその家に行って楽しく話しているときに、「いつ帰るのですか？」と聞かれたら、とたんに固まってしまうと思います。そのことだけが原因でもないのですが、ガーリーは結局日本の社会のシステムに受け入れられず、ある日お寿司を食べながらとてもさびしい声で、「ぼくはやっぱりアメリカに帰ります。」と言いました。そのすこし後でガーリーはアメリカに帰り、そこで自分の命を断ちました。

三首目の歌、「一人の異端も」は、「国際化」とは何の関係もないように見えるかと思います。「田毎《たごと》の月」という古典的な日本の美学と同じ美しい叙景の歌だと。けれども「一人の異端もあらず」というただならぬ発句によって、どんな直接の社会詠よりも、「日本社会論」の核心にふれる作品となっています。「異質なもの」を排除したうえで、同質の「仲間内」だけで仲良く和やかに安心してくらす、ということが、「日本的共同体」の、〈理想型〉みたいなものです。それは日本の近代化以前の社会が、〈狩猟や漁撈や牧畜ではなく〉農耕の社会であること。農耕の社会のうちでも、〈小麦やイモやトウモロコシでなく）稲作の社会であること。稲作の社会のうちでも、（亜熱帯の自然的な稲作ではなく）北限にまで人工的、集団的な、子々孫々の努力の積み重ねによって開拓された稲作の社会であることと関わっていると、わたしは考えているのですが、この主題にここで深入りすることはやめます。一人の異質なものの存在も許さぬ、という仕方で、仲良く安心して眠っている村の共同体と、針で指紋をつぶした女生徒、アメリカに帰って行ったアメリカの青年は、同じものの、うらおもてです。

四首目「犇《ひし》めきて」の歌はもっと直接に「日本的共同体」の感性の核の部分に、批判を対置しています。日本の歴史の中の最大の失敗は、もちろん「大東亜戦争」ですが、日本がこの戦争に「突入」していったことのいきさつは、たとえばナチスドイツのように強烈な個性をもった「指導者」が「主体的に」国民を方向づけていったというよりも、丸山真男が「無責任の体系」と名づけているように（『現代政治の思想と行動』）、一人ひとりが明確に自分で考え、自分で主張する、ということをしないで、「みんなの意見」に逆らわないように、「時代の流れ」にのりおくれないように動いていく結果、ひしめいて海に落ちてゆくペンギンの集団のように、戦争に突入していったのでした。現代の日本の「企業ぐるみ」「官庁ぐるみ」の犯罪や反社会的な行動も、内情はこのような「組織のメカニズム」であることが多い。

短歌というのは「和歌」とも呼ばれて、「日本的感性」の拠点ともいうべき表現の形式でした。このような短歌の世界にあってさえ、日本的なものの感性の核の部分に、たしかな批評を拮抗させる力をもった時代の感性が、形成されていることを、これらの作品は、告知しているように思います。

2 時代の基層の見えない胎動

右あやめ左にさつき右さつき左にあやめ曲がり道行く　匠彩子

閑散たる二十四時間レストランこんな時だけ秋を感じて　田畑益弘

待合室に繭玉《まゆだま》ふたつ忘れもの乳歯抜かれしあの子だろうか　宮本真基子

「ますいガスはバニラのにおい」と約束せし幼な子眠るや手術前夜を　久山倫代

吾が泣けば胎《はら》の児ひそと静まりて動かず小さき意志持つごとく　赤石証

二〇年間をとおして読むと、一九八〇年代のおわりの時期に、この短詩型の表現にめざましい変化のあったことが知られる。直接に時局の社会問題を主題とする作品よりも、むしろ短歌の正統的な主題というべき季節の変化や人と人との関わりをうたう作品の中に、現代という時代の基層の見えない胎動の音を聴くことができる。

「右あやめ」は、華麗な歌ですね。「千早ふる神代もきかず竜田川からくれないに水くくるとは」という平安の歌の色彩性を想起させます。同時に両者の間には明確に異質の感触があって、この異質性はどこからくるのか。空間の移動と時間の移動、通過する時間とふりつもる時間、そのような空間や時間のあり方の変容が、この二つの美しい歌の感触の異質性、ということの背後にはある。

「閑散たる」という歌の主題も、「秋来ぬと目にはさやかに見えねども風の音にぞ驚かれぬる」という古典的な和歌の主題と、同じといえば同じです。その明確に異質の感触をまず味わって、そこから現代という時代の感覚、世界のあり方、人の生き方に垂鉛をおろしてゆくことができる。

「待合室に」、「ますいガスは」、「吾が泣けば」、小さい子どものかわいらしさや、その子どもを思う大人の感情も、山上憶良以来、和歌の最も古典的な主題の一つです。この千年来、千数百年来変わらない主題をうたうこれらの歌の感触の明白な現代性はどこからくるのか。そこからわたしたちは、近代という時代が開いた人と人との関係とその可能性ということについても、たくさんのことを考えることができる。

未知の手に触れてうなじの燃え立つを淋しみ青いスカーフを巻く　大田美和

会いたいと切り出すまでの沈黙を抱きて深夜の受話器握れり　大田美和

受信器がきょう傷ついているのです誰の電話もとらずにいます　藤岡道子

ほんとうは万葉の時代と同じ古風な愛の実質が、清新な時代の表現を獲得している。

帆船に鯨の夫婦従《つ》き来たるクルーズの夜に吾が受胎せり　佐藤佳代子

むしろみごとに古典的ともいうべき骨格の歌ですね。

雲の影流れる校庭見下ろせば一夏前の君が駆けている　渡辺賛奈
テラヤマもダザイも写真の中にいて年齢くらいは追い越せよ君　大口玲子
思い出す語彙集むれば友情に紛れて若干陽性の愛　久山倫代

二つ前の歌群と一見同じような作品のようにみえますが、ここでは関係の実質自体の、ある乾燥とユニセックスな感触が定着されている。

聖母などとわれを崇める男いて気楽ねと言い友と酒飲む　大田美和
男でも女でもない友達が欲しい雨降る東京の夜　小野沢章子
憂鬱《ゆううつ》な君のマリアとなり得るかわがくちびるは疑い深く　大口玲子
贈られた紫陽花の毬《まり》手に重く愛されていることも憂鬱　大田美和

二首目は、共感する学生の多い歌でした。これらの歌は、ひとつ前の三首の歌群とはべつの実質の深いところで、関係の変容を表現する言葉を獲得している。愛の短歌は「相聞」と名付けられてきたのだけれども、どの歌ももう相聞の歌ではない。つまりたがいに呼応する愛の歌ではない。けれども「失恋」の歌でもない。愛のさなかの孤独の歌。愛のさなかで自分に立ちかえってきてしまう歌だ。「自分」が確かなものだからではなく、反対に自分の変容もまた賭けられている。愛のかたちの変容の時期は、「自分」のかたちの変容の時期でもあった。

3　リアリティ／アイデンティティ／関係の実質

木から木へ叫びちらして飛ぶ鵯《ひよ》が狂いきれずにわが内に棲む　渡辺松男
ジャズの音に切り開かれて次々と取り出され行くわれの内臓　福島光良
あかあかとメルトダウンの果てなれば一億ザムザ妖蝶となる　森千代里
たましいは透明にして一心に幹をつかめる蟬のぬけ殻　門井浩

「自分」の不確かさ。「自分」の解体感。「自分」の空洞感。
カフカの主人公ザムザは自分ひとりが巨大な甲虫に変身していて、父親や妹や下宿人たちは、変わらない連続した現実の世界を生きているのだけれども、ここではすべての他者たちもまた、つまり「世界」のリアリティ自体が根こそぎに変身している。

時計屋のすべての時計狂えりきまひるの静かなる多数決　田畑益弘

時間は、少なくとも近代の人間にとって、世界の存在の最も基礎的なわくぐみのようなものです。カフカよりもっと深い無根拠感。虚構感。というよりも、ヴァーチャル感。ミンコフスキー(『生きられる時間』)や木村敏(『自覚の精神病理』)が、分裂症や離人症のケースをとおして見ている通り、「自分」のふたしかさという感覚は、「世界」のふたしかさという感覚といつも表裏をなしている。リアリティとアイデンティティの空虚ということのうしろに、どんな時代の変容があるのだろうか。

外食の寒きテーブルに話途絶え文庫本読めば妻は泣きだす　宮崎健二
炸裂するＴＯＫＩＯの隅の六畳で我は静かに狂いはじめる　沖津由紀
酩酊せん酩酊せん人と人の間に暗き国境あり　田畑益弘
現実を空しいだけの比喩にする、君さえ此処に居れば歌わず　藤崎多佳代
ステージの君と孤独を重ねいる一人のわたし満員の孤　太宰明子

「自己」のアイデンティティのあり方と、「世界」のリアリティのあり方の双対的な存立、ということとのうしろには、人間と人間との関係の実質が存在している。たとえば「自己」の解体感、無根拠感と、「世界」の解体感、無根拠感との双対的な存立、ということとのうしろには、人間と人間との関係の不確かさ、希薄化、空洞化、無根拠化という実体が存在している。

出口のようなものはあるのだろうか。それはわからない。ここではあまり関係のないようにみえる二つの作品を、終りに置いておきたいと思う。

ためらわず車椅子ごと母を入れナース楽しむねこじゃらしの原　吉田方子

「愛」ではなく奉仕ではなく献身ではなく親切ではなく感謝ではないような仕方で、三人は自由に結び合っている。「草にすわる」という八木重吉の短い詩は、草にすわる、という単純なただそれだけの行為が、自己と他者との関係の拮抗性をふしぎに消去してゆく機微を鮮明に記していますが、ねこじゃらしの原に酩酊することで、人と人との間に敷かれているという暗い国境がやすやすと越えられている。けれどもそれは、異質の他者を排除して安心する共同体でなく、異質の他者が、自由に結合し呼応し共歓する交響体ともいうべきものです。

それぞれにそれぞれの空があるごとく紺の高みにしずまれる凧　渡辺松男

〈孤高〉ではなく〈連帯〉ではなく、複数の存在が存在しきっている仕方。

「ねこじゃらしの原」の楽しさと「それぞれの空」の潔さとを組み合わせてみた方向に、わたしたちは、少なくとも現在よりもよい社会のあり方を思い描いてゆくことができる。

〔短歌作品は朝日新聞「朝日歌壇」一九八七―九〇年〕

コラム　愛の散開／自我の散開

一九九九年三月三〇日という日付に、ネットアイドルの南条あやはカラオケボックスの中で自死した。一八歳だった。高校の卒業式までは死なないと友人に約束していた、その生の「完結」であるような死だった。死の前日に、四つの断章を電子メールで発信し、それから彼女の「自我」であったということもできるパソコンの中のデータを、すべて消去した。四つの断章の最後のものは「私のことを」と題されている。

私が消えて　私のことを思い出す人は　何人いるのだろう　数えてみた　…
問題は人数じゃなくて　思い出す深さ　そんなことも分からない　私は莫迦《ばか》
鈍い痛みが　身体《からだ》中を駆け巡る
（南条あや『卒業式まで死にません』）

翌二〇〇〇年の日本社会は、いっせいの蜂起のように継起する「一七歳の犯罪」に震撼することとなる。一連の事件がこの年のこの社会を震撼させたのは、その攻撃の対象の任意性、不特定性、そしてその動機の「非条理性」、つまり先行の諸世代にとって「理解不可能」であったからだ。

かつて一九六〇年代の初頭を代表するヒット曲「アカシアの雨がやむとき」は、自己の死についてこう歌っていた。「アカシアの雨に打たれて／このまま死んで　しまいたい／夜が明ける　日が昇る／朝の光の　その中で／冷たくなった　わたしを見つけて／あのひとは／涙を流して　くれるでしょうか」(水木かおる詞)

「アカシアの雨」の青春の切実な問いは、ただ一人の「あの人」に向けて迷いなく差しむけられている。南条あやの切実な問いは、まず「何人」いるのだろうと、散開する多数に向けて発想される。自己の存在の「証し」をめぐる切実な問いの方向のこの転回は、四〇年を隔てて一循する日本の「近代市民社会」の、創成と解体の局面における、この社会の親密圏／公共圏をめぐる構図の、地殻の転変と正確に照応している。

一九六〇年代の日本は、第一次共同体の根こそぎの解体の上に、都市に流入する幾百万幾千万の家郷喪失者(ハイマートロス)の群れの不安と孤独とを推力として、高度近代化を一気に成就する。

家郷とは、第一に人間の生の物質的な拠り所(生活の共同体)であり、第二にその生の精神的な拠り所(愛情の共同体)である。第一次の家郷喪失者の群れが新しく都市のさなかで、存在を賭しても獲得しなければならなかったのは、この二重の「根拠」であった。近代の市民社会の古典形式はこの二重の要請を、〈核家族/市場経済〉システムという絶妙の形式を以て充たす。近代核家族とは、極小化された愛情共同体、〈限界の愛情共同体〉である。市場とは極大化された生活の共同体(「協働連関」)であり、貨幣とはこの反転する共同体の分配を基準するものとして、究極の「差別原則」である。

一九六〇年代日本のベストセラーの二大分野は、「ハウトゥ」と「純愛」であった。『英語に強くなる本』『現代マネービル読本』といったリアリズムをきわめた書物と、『愛と死をみつめて』を筆頭とするロマンティックな純愛ものとが同じ青年の机上に並んだ。相矛盾するようにみえる二つの渇望は、〈生の根拠〉を、生活と人生の基底を新しく「市民社会」のさなかに再建しなければならない世代の、課題の二つの側面として表裏をなすものであった。（三章「第二期」の、「夢」と現実。）

「アカシアの雨」と同じ時期東京の街々を流れた歌「故郷のように」（あなたがふるさとを愛すように／私は愛されたい　愛されたい／私がふるさとを愛すように／あなたを愛したい　愛したい）（永六輔詞）は、高度成長前半の時代、農村共同体という原共同体から「近代核家族」とその「恋愛結婚イデオロギー」という〈微分化された共同体〉へ、愛情共同体の濃縮を直截に、かつ論理的に表現することをとおして、アカシアの雨の秘密を解き明かしている。

近代核家族、この〈限界の共同体〉が、近代システム自体の内在するある矛盾の展開としてそれ自体をもう一度解体してゆくとすれば、この社会の親密圏／公共圏は、どういう新しい構図を編成することになるのだろうか。

南条あやは、リストカッターとして知られていた。手首を切る自傷者である。リストカットのはじまりは、中学一年の時のいじめ(排除)で、いくらかの同情と人気を回復することができた。進級してクラスが変わる毎に、みんなに好かれたい、友だちがたくさんほしいと思う気持ちが強すぎて、かえって失敗してしまう、というパターンがくり返されて、リストカットは深くなってゆく。一九八〇年に、カラオケスナックを経営する父母の間に生まれ、三歳で父母は離婚、父の許、母の許、再び父の許に送り返され、五歳からこの父とくらす。高校生の時にはじめたパソコンによる「公開日記」で、その才能を開花する。南条あやファンクラブが結成され、ネットアイドルとしてテレビ、雑誌などの取材を受ける。

「公開日記」は、彼女の見いだした自我とそのアイデンティティの存在の形式ともいうべきものであったけれども、死に至るまでその存在を家族に知られることはなかった。家族はこの新しい親密圏の、他者である。世界に向かって開かれてゆく共同体の、他者である。

「近代核家族」は、近代的自我の、——市場システムの生産的な「主体」の、再生産の装置でもあったことから、近代社会の古典形式は、思えば見事な戦略であった。けれどもそれは、矛盾を内包する戦略であった。産出されたものが産出するものの否定に向かう傾向を内包する形式であった。「近代的自我」は、「近代的自我」を再生産するような力をもった圧縮共同体を、必ずしも再生産するようには動機づけられていない。（カントはカントを生まない。ボーヴォワールはボーヴォワールを作るが、生まない。）

近代社会の古典形式は、かつて第一次の共同体のもった、人間の生の物質的な根拠としての側面を「市場のシステム」として開放し、人間の生の精神的な根拠としての側面を「近代核家族」として凝縮する、という二重の戦略であった。

「貨幣とは外化された共同体である」という真理は、「市場」として散開する共同体のこの第一の側面に定位している。貨幣のシステムは、微分され／積分される共同性である。限定され／普遍化された(specific/universal)協働の連関である。貨幣はこの限定され／普遍化された交換のメディアであることをとおして、近代的な市民社会の存立の媒体であるが故に、その〈諸主体の主体〉として立ち現れる、〈物象化された共同体〉に他ならなかった。

いま生の精神的な根拠もまた（つまり「愛情共同体」もまた）その凝縮を失って散開するのだとしたら、新しく限定され／普遍化されたコミュニケーションの媒体として、現代的な市民社会の存立のメディアであるが故にその〈諸主体の主体〉として立ち現れるのは、情報のテクノロジーである。電子メディアのネットワークは、このように完成され純化された近代のシステムの、外化され物象化された共同体である。

共同体を微分し／積分せよ、という〈近代〉の未完のプロジェクトはここに、「主体」のその深部に至る領域化、という仕方で完結する。

森がある。季節が来ると、鳥たちがたち帰ってくる。森が少しずつ伐採される。それでも鳥たちは、小さくなってゆく森に年々たち帰る。森が一本の木になると、鳥たちは木がその重みに耐えられない程に密集してその木に宿る。木が倒されて森がきれいになくなると、それでも鳥たちは、森の「不在」に向かってたち帰る。というシュペルヴィエールの作品があったと思う。

日本の近代市民社会の、あのあらあらしい創成期、「ただ一人」の異性に向けて注がれる「アカシアの雨」のカセクシスの濃度と切実は、山青く水清き第一次共同体の総体の「非在」に向かう愛着の、一点に凝縮されてゆく形態であったともいえる。

反対にさみしがりやのリストカッターの、何人の友だちをもってももっても充たされることのない渇きのようなものは、核の家族の「非在」に向かってとめどもなく注がれつづける熱情の、中心を失って散開するさびしさの洪水であるもののように、わたしにはみえる。

〈親密なもの〉の濃縮。そして散開。

二〇〇〇年の日本社会を震撼させた「一七歳の事件」の、最後のものはこうだった。横浜で父に叱られた少年が、家を出て金属バットを購入し、渋谷に出て、六八歳の女性をはじめ、手当たり次第に殴打し傷害しつづける。「父に恥をかかせたかった。誰でもよかった」と。

少年の憎悪の熱情の濃縮と散開のダイナミズムを、「愛」の熱情に反転するなら、さみしがりやのリストカッターになるのではないか。(少年は一度、孤独な自傷者でもあったかもしれないと思う。)

共同体の解体はまた、明るいものである。「都市の空気は自由にする。」というヨーロッパのよく知られた言葉は、共同体からの解放のねがいをよく表現している。「都市の空気は自由にする」とは、具体的には、中世自治都市について言われた。自治都市は一〇七〇年、北仏ル・マン、カンブレー両市に始まる。第二ミレニウムの丁度一千年間のあいだ、人間は共同体を解体し、近代を構築しつづけてきた。

一九六〇年代に第一次共同体を基本的に解体した日本社会は、八〇年代には「遊園地がぼくらのふるさと」という明るい感性の旗手たちの世代を生んだ。南条あやにとってはいっそう、カラオケ・ルームのテクノロジー空間がふるさとであり、彼女はこのふるさとに帰って死んだ。

一九九九年三月三〇日に人間は、何を卒業しようとしていたのだろうか。

五　二千年の黙示録

――現代世界の困難と課題――

二〇世紀は「戦争と革命の世紀」といわれました。二一世紀は静穏な時代であることを、世界中の多くの人が願っていました。この希望は、世紀の冒頭に砕かれました。二〇〇一年九月一一日、ニューヨーク「世界貿易センタービル」への同時多発テロと、ブッシュ政権によるアフガニスタン戦争、イラク戦争という相次ぐ「報復」戦争は、世界が、つまり人間が、現在もなお解決することの出来ないでいる困難な、根源的な課題のあることを白日の下にさらして見せました。

1　黙示録の反転。「関係の絶対性」の交錯

同時多発テロと二つの戦争と、これらに対する世界のさまざまな社会の民衆の反応と対応にふれて、わたしが思い起こしていたのは、二〇世紀に記された二つの文書でした。一

つはD・H・ロレンスの『アポカリプス』という書物、もう一つは吉本隆明の若いときに書いた「マチウ書試論」という論考です。

あとで気がつくと、二つともキリスト教の源泉である『新約聖書』の文書を素材に、ある思想的な問題と格闘したものでした。しかしわたしはこの事件と戦争が「キリスト教の問題」であると思っているわけではありません。

けれども二つの思考が共に、キリスト教の根本原典との格闘という仕方で生み出されてきたということは、また別の意味で、偶然ではなかったように思います。

「アポカリプス」は黙示録のことで、大文字で使われるときは新約聖書の最後の文書、「ヨハネの黙示録」をふつう指します。ロレンスが論じているのもこの「ヨハネの黙示録」です。

「マチウ書」と吉本隆明がいうのは日本語聖書でいう「マタイ伝」、あるいは「マタイによる福音書」で、新約冒頭の文書です。

つまり二つの論考は、新約聖書の最初の文書と、最後の文書とをそれぞれ基軸として展開されます。

けれども「アポカリプス」(「ヨハネの黙示録」)は、聖書編纂のなかで新約の最後におかれたものでありながら、内実は新約のなかで最も「旧約的」な部分、つまり、「ユダヤ教的」な部分です。「ヨハネの黙示録」はむしろユダヤ教の文書であると断じる聖書学者さえ幾人もいるくらいです。

「ヨハネの黙示録」は、ロレンスも言うとおり、キリスト教徒のなかで、特に不遇な階級、民族、地位にあるキリスト教徒たちの間で、最も親しまれ、強い共感と支持を得てきた文書でしたが、日本ではそれほど読まれていないので、内容をはじめに少し紹介します。

これは現在この世界のなかで富み、栄えているものたちの都が、神の仮借なき懲罰をうけてこなごなに崩壊し、現在不遇で、貧しく、この繁栄の都から疎外されている人々がそれに代わって栄光の座につく、という預言の物語です。この「悪徳の栄える都」は、当時の世界帝国ローマの都、ローマをあきらかに指していますが、聖書のなかでは「大いなるバビロンの都」という神話的形象で語られています。

バベルの塔という、当時の建造技術としては超高層建築というべきものをシンボルとするこの繁栄の都が一瞬に崩壊する時の描写、「倒れたり。大いなるバビロンの都は倒れたり」以下の章句を、キリスト者たちは、とくに不遇のキリスト者たちは、たとえば炭鉱夫であったロレンス自身の父親とその仲間たちに至るまで、世紀から世紀の間、甘露のようにカタルシスのように愛好し、唱和し、黒々とした反逆と報復の夢想を共有して育んできたといいます。「崩落」の時を、聖書は次のように描写しています。

さまざまの災害が、死と悲しみとききんとが、一日のうちに彼女を襲い、そして、彼女は火で焼かれてしまう。彼女と姦淫を行い、ぜいたくをほしいままにしていた地の王たちは、彼女が焼かれる火の煙を見て、彼女のために胸を打って泣き悲しむ。／また、地の商人たちも彼女のために泣き悲しむ。もはや、彼らの商品を買う者が、ひとりもないからである。その商品は、金、銀、宝石、真珠、麻布、紫布、……乳香、ぶどう酒、オリーブ油、麦粉、麦、牛、羊、馬、車、奴隷、そして人身などである。／これらの品々を売って、彼女から富を得た商人たちは、彼女の苦しみに恐れをいだいて遠くに立ち、泣き悲しんで言う。／彼らは頭にちりをかぶり、泣き悲しんで叫ぶ、「ああ、わざわいだ、この大いなる都は、わざわいだ。そのおごりによって、海に舟を持つすべての人が富を得ていたのに、この都も一瞬にして無に帰してしまった。
（一八章8―19）

つまり「バビロン」、圧倒的な軍事力と貨幣経済の力をもって世界を支配するこの帝国の首都は、世界貿易のセンターの如き存在であり、「車」を含む万般の交易品目をとおして幾つもの同盟諸国の支配者と商業資本の繁栄を支えてもいた。

ロレンスはこの「バビロン」が、古代ではローマ、宗教改革期では再びカトリックの本山ローマ、そして現代では「ロンドン、ニューヨーク、パリ」として不遇のキリスト者たちによって想定されてきたことを伝えています。一九二九年のことです。

そのあとの二〇世紀の歴史の中で、「三都」は結局「ニューヨーク」へと引き絞られていくことになります。

二〇世紀末冷戦後の「一極構造」、パクス・アメリカーナによるグローバリゼーションという世界の中で、原初のキリスト教徒たちのおかれていた位置は、今日ほとんど、不遇なイスラム教徒たちのおかれている位置と、構造的に等価のものであるようにみえます。

そしてイスラム教徒の目からは、この現代の「バビロンの都」はあたかも、キリスト教とユダヤ教の首都であるように映じているのかと思われます。文明の二千年の間に、みえない巨大な反転はあった。

反転はあったけれども構造は変わっていない。「アポカリプス」が、キリスト教の聖典の結部でありながら「ユダヤ教の文書」とよばれることのあることをみてきたけれども、それは現代のイスラム教徒のうちの不遇の人々の、心情を映す鏡となっている。

それではここで、三つの宗教を貫いている「一神教」ということが問題なのだろうか。「一神教」の問題というと、わたしは問題の焦点が、的確に絞り込まれてはいないように思う。

「一神教」という、異神を排斥する宗教の形態を否応なく生み出してしまう、現実の社会の中の関係感情というべきものがある。「一神教」という投射の形態の根元にあるもの、この社会的な関係の客観性が生み出す感情の絶対性のようなもの、ここに問題の核心はあるように思う。

吉本隆明は「マチウ書試論」のなかで、「マタイによる福音書」を手掛かりにして、「関係の絶対性」という核心をつかみ出している。この文章は、このように結ばれています。

原始キリスト教の苛烈《かれつ》な攻撃的パトスと、陰惨なまでの心理的憎悪感を、正当化しうるものがあったとしたら、それはただ、関係の絶対性という視点が加担するよりほかに術《すべ》がないのである。

「原始キリスト教」ということばを「イスラム原理主義」におきかえるだけで、これはそのまま、現代の情況を読み解く格子の一つとなる。「関係の絶対性」とは、たとえば「ヨハネの黙示録」でいえば、「バビロンの都」、つまりローマの無残な壊滅をキリスト教徒は黒々とした歓びをもって烈しく待ち望んでいるのだけれども、ローマに住み、あるいは出入りする人のなかにも、親切な人、良心的な人、何の罪もない子どもたちだってたくさんいるはずだ。それでもこの世界貿易の中心に出入りする人々のすべてに対して、不遇のキリスト教徒たちが「陰惨なまでの心理的憎悪感」を抱いてしまうのは、その圧倒的な軍事力と貨幣経済の力によって遠隔的に収奪され支配されているキリスト教徒たちとの関係の客観性の中で、この都市の繁栄と幸福を少しでも共有するもの、それを支えているもののすべてに対して、一人一人の自由な意思による善意とか思想の内容とは関わりなしに、絶対的な敵対の関係が成立してしまっているからだ、という認識です。

ビン・ラディンのテロリズムも、ブッシュ大統領のテロリズムも、〈関係の絶対性〉という視点が加担するときに、このように正当化されてしまうというものだ、ということです。恐ろしい認識ですが、中東の、世紀をこえた血で血を洗う抗争をみれば、そして二〇〇一年の同時多発テロに歓喜して躍りあがったアラブの国々の民衆の像と、アフガニスタンやイラクへの戦争による子供たちの無残な死体と生き残った家族の悲嘆に、「かわいそうだが仕方のないこと」と考えるアメリカの多数の人々の感情をみれば、直視するほかのない認識であるといえます。

「関係の絶対性」という事実が、二千年前も現在も、最も困難な現実問題の基底にありつづけているということを、認識の出発点とするほかはないと思います。

2　勝利の方法。社会の魅力性

二〇〇一年九月一一日の事件のあとのさまざまな論評をきいて、わたしがいちばん驚いたことを率直にいうと、それはだれもが、この事件に驚いている、という事実にたいしてでした。

事件は限りなく不幸なものであり、許されないものであることはもちろんですが、それが「意外」なものだとは思えませんでした。湾岸戦争でアメリカがあのような勝ち方をした以上、冷戦後の世界の構造の中で、また、中東問題のどうしようもない状況の中で、イスラムのエクストリーミスト(極端主義者)たちの想像力は、あれ以外の方向を考えつくことはないだろうとはじめから思っていました。

「あってはならない」ことですが、現代の世界の構造の中でイスラムのエクストリーミストたちの思想の水準と資質の方向性を直視するなら、あのような方向に想像力を引き絞ってゆく一派は必ず現れるだろう、ということです。

アメリカは「報復戦争」にかんたんに勝利したということになっていますが、世界中に逃げ散った「関係の絶対性」の殉教者たちは、こんどはどんな復讐の黙示録を描くだろうか。

ニューヨークは、核の自爆テロ、あるいは生物・化学兵器の自爆テロという脅威に、その無意識の底からおびえているようにみえます。イラクと戦争をして勝つだろう。イランも滅ぼすか。北朝鮮も滅ぼすか。どこまでいっても、アメリカは核の自爆テロという恐怖から、解放されることはないのです。こういう方向で、つまり力による圧殺という方向でいくかぎり、アメリカは地球の果てまで勝利を重ねても、悪夢から自由になれない。

テロリズムは現在すでに、ニューヨークを、アメリカを占拠しはじめているということもできる。「セキュリティ」の第一義化、管理社会化というRNA(反転DNA)の姿をとって、自由の敵は、この都市を、国土を支配し、自由と、平和と、幸福とを解体しはじめているということもできる。

＊

解決の方向はあるのだろうか。アメリカがもう一度自由な、平和な、幸福な社会としてよみがえることができるのだろうか。

*

勝てば敗者の怨恨が残るのはあたりまえだというひとがある。そうだろうか。

冷戦を第三次の世界戦争であったとすると、現在は第四次の世界戦争といえる。一つ前の戦争、つまり冷戦にアメリカは完全勝利したが、あれほど巨大な、イスラム原理主義者の幾千倍の軍事力を所有していたソビエト連邦に勝利しながら、ソビエトの敗残者による復讐テロなどにアメリカは悩みはしなかった。それはアメリカが前の戦争には、正しい勝ち方をしたからだと思う。

勝てばいいというものではない。

ソビエトと東ヨーロッパでは民衆がみずから蜂起して、抑圧的な権力を打ち倒したのです。だからロシアや東欧諸国の民衆で、アメリカを恨んで自爆テロをしようなどという人はいない。

カール・ヤスパースが「軸の時代」と呼んでいる、今日までの文明の基本の思想の原型たち、――ユダヤ教からキリスト教、古代ギリシャの様々な哲学思想、諸子百家から老荘や儒教、バラモン教の哲学書から仏教に至る巨大な思想、哲学、宗教が、一斉にこの時代に形成されたことは偶然ではありません。新しい「社会」と「国家」、貨幣経済を基軸とする「文明」社会は、人間に実に多くの豊かさを与え、また多くの豊かさを奪ってきました。これらの原始教典の元の文書には、この初めての「社会」や「国家」、とりわけ貨幣のシステムが、人間にどれだけ多くの幸福と解放を与え、また憎しみと絶望を与えてきたかということを生々しく伝えています。

このような発生機の「社会」の中で、人間はどう生きたらいいのか、というぬきさしのならない切迫した問題と格闘しながら、「軸の時代」の巨大な思想、宗教、哲学は生み出されました。それから二千年の間、人間は基本的にはこの「軸の時代」の思想、宗教、哲学を拠り所として生きることができ、新しい「社会」の関係を全地球的な規模にまで展開しつくすことができました。

けれどもこの「軸の時代」の、巨大な思想、宗教、哲学が解決し残した一つの問題、それが「関係の絶対性」の問題でした。

「中東問題」と、そのグローバル化の兆しというべき二〇〇一年の諸事件がその限界線を示していること、その残された一つの問題が、全地球的に拡大されたわたしたちの社会のシステムを、いまその中心部において崩落せしめようとしているのだということを見ました。わたしたちの生きた世紀に、「軸の時代」の思想の核心部に切り込むことで「関係の絶対性」という、この限界の主題をつかみ出してきた二人の思考者は、この限界を越えてゆくための、手掛かりを何か残しているのだろうか。

最後に、このことをふりかえってみたいと思います。

*

ロレンスと吉本隆明はふつう、この「関係の絶対性」という主題に対して、正反対の立場から対峙するようにみなされています。ロレンスがその冒頭から、関係の形成するこの「憎悪の倫理化」というべきものに対して、烈しい反発と嫌悪の感覚をあらわにしているのに対して、吉本隆明は「関係の絶対性」を、反逆の倫理を根拠づけるものとして、擁護する思想家であるもののようにみられてきました。

けれども吉本の思考のうちには早い時期から、「関係の絶対性」という思想が、たとえば自爆テロのような仕方で死ぬことの根拠となることはできても、生きるということの積極的な根拠としては、貧しいものであることの的確な予感があります。不当な秩序に屈服することなしに生きつづけることの積極的な思想として吉本がのちに獲得するのが、〈自立〉という概念でした。

〈自立〉の思想は、〈関係の絶対性〉の思想の、止揚された形、転回された形といえます。たとえば独裁者や独裁的な勢力の支配の下にある貧しい国々が存在する時、これらの国々の問題の真実の「解決」のかたちというものを考えてみることが許されるとすれば、それはこれらの国々の民衆自身が、独裁者や独裁的な勢力から自立することをとおして、アメリカを中心とするグローバリズムの支配からも自立し、自らの幸福と平和と自由を追求するという方向しかないはずです。

このような国や地域の民衆の自立のために日本やアメリカの高度の情報化／消費化社会の内部の人間がなしうることは、（当面の様々な「援助」は有効であるとしても）根本的には、わたしたちの社会自身が自立すること、外部の諸社会、諸地域を収奪し、汚染することのないような仕方で、自由と幸福の持続可能なシステムを構想することでしかないはずです。（被支配者の自立のために支配者がなしうることは、支配者自身が自立すること、被支配者への依存をやめることです。）

けれども、外部の諸社会、諸地域を収奪し、汚染することのないような仕方で、自由と幸福を永続する社会のシステムというものは、可能だろうか？

＊

D・H・ロレンスが、関係の絶対性の思考に対置して依拠するヴィジョンは、一見思い切りとうとつであり、なんの説得力もないもののようにみえるものです。

ロレンスがその死の床で力をしぼるようにして書き記したという最終章は、書きなぐるように飛躍する文体で、ぼくたちは太陽系の一部分である。地球の生命の一部分であり、ぼくたちの血管を流れているのは海の水である。というようなことが語られている。

いきなりこういうことをいわれても、納得する人はいないと思います。けれどもわたしは自分自身としては、このロレンスが言おうとしたことに、深く納得しました。

『自我の起原』という、わたし自身の以前の仕事ではこのロレンスの語ろうとしているようなことが、何かおかしな幻想ではなく、自然科学的な事実であるだけでなく、人間が自由と幸福を求めるときの、最終的にたしかな根拠となるものであるということを、確認しています。

そしてこのような人間という存在の事実に根拠をおくことによって、自由と幸福を永続的に持続することのできる社会を、外部を収奪し抑圧することのないような仕方で、自立するシステムとして構想することができるということを、『現代社会の理論』という、その次の仕事のなかで追求しています。

D・H・ロレンスの最後の遺言みたいな断章——太陽とか生命とか海とかいうもののヴィジョンと、今日のテーマ、現代社会の方向の転回を構想するというテーマとを具体的に結びつけるには、このような何段階もの主題を一つ一つ積み重ねてゆく探究が、なお必要であるはずだと思います。

この報告はその入り口みたいなところで、——二〇〇一年の事件というものが、過去二千年の文明社会を支えてきた巨大な思想たちの解決し残した一つの問題、「関係の絶対性」をどう超えるかという問題を、ぼくたちの世代が解くことができない限り、この文明のシステムは現実に崩落するほかのないところまで来てしまっているということを明るみに出しているのだ、――このことを確認するというところでとどめておこうと思います。

*

ロレンスの書は『アポカリプス(黙示録)』と題されています。ロレンスがこの謎のような最後の部分で書こうとしたのは、来るべき一千年紀の世界の魂の拠りどころとなることのできる、もうひとつの黙示録であったと思います。「関係の絶対性」の向こう側への、扉を開く黙示録。憎しみの黙示録に代わる、愛の黙示録。復讐の黙示録に代わる、共存の黙示録であったと思います。

六　人間と社会の未来

――名づけられない革命――

1　S字曲線。「近代」の意味

ひとつの大陸、たとえばオーストラリアのような大陸に、この大陸の自然条件によく適合した新しい種の動物が移住してきて自由な繁殖を開始すると、食物もあり天敵もあまり存在しないので加速度的な「人口爆発」を起こす。この繁栄の局面に生き合わせたこの動物種の中の一個の個体という視点からみると、この展開は「無限」に永続するものであるように見える。けれどもこの無限はほんとうは幻想であって、大陸の有限な自然条件の中で繁栄はいつか臨界に達することとなる。この「臨界」の手前や踏み越えた向こう側では、大量死や相互殺戮《さつりく》、個体生殖能力の変容等々、手荒な調節の行なわれる場合も多いが、最も順調に経過するなら、この大陸の〈環境許容能力〉に近いところで、「定常平衡系」ともいうべき、安定した持続の局面に入る。

この「人口」の動態を非常に巨視的な目で見ると、図1aのように、S字を引き延ばしたような形になる。生物学のいう「ロジスティックス曲線」である。ガラスの容器のような純粋な条件の中で単純な微生物では、こういうきれいな曲線を描く。自然の条件の中の高等生物の場合には、もちろんずっと複雑であり、特にピークにたっした直後にリバウンドの減少が見られることも少なくないという。図1bのような曲線であり、これを「修正ロジスティックス曲線」とよぶ研究者もある。どの場合にも大きく三つの局面があって、

Ⅰ爆発以前期、Ⅱ大爆発期、

Ⅲ爆発以後期、ということになる。

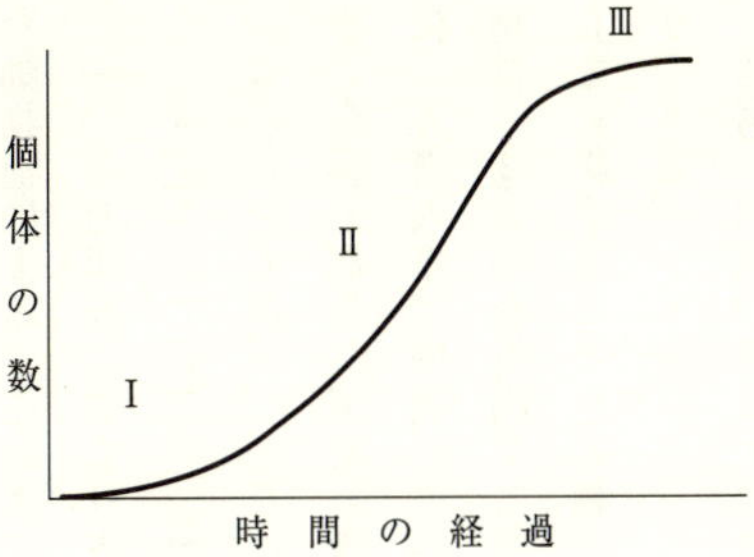

図1a　ロジスティックス曲線

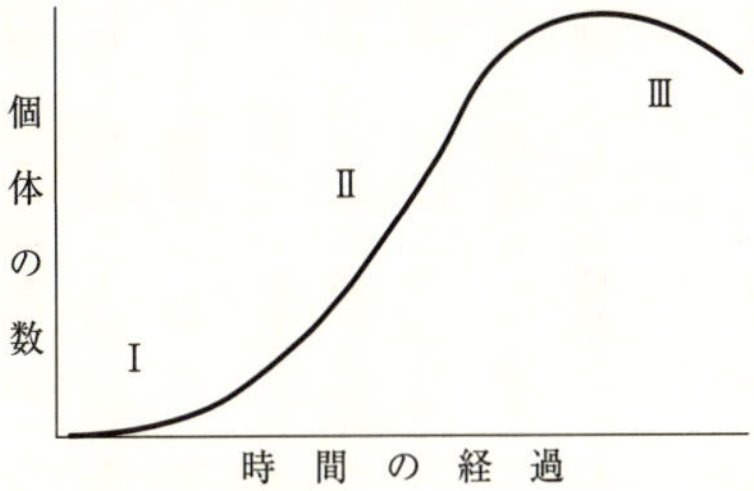

図1b　「修正ロジスティックス曲線」

＊

人間の歴史の中で「近代」という時代を今全体としてふりかえってみると、地球という有限な空間上での、人間というよく適合し

た動物種による、このような「大爆発」の局面であったと見ることができる。

一〇〇万年前、アフリカ大陸に住んでいた人間の祖先は一二万五〇〇〇人くらいであったと推定されている。〈道具〉をつくる動物としてこのアフリカを脱出し、六つの大陸を覆いつくした人類は、一万年前、旧石器時代の終りには五〇〇万人に増えていた。農耕と牧畜、交易と都市、国家と貨幣経済を次々と展開してきた〈文明〉時代の人間は、五〇〇〇年前に、五億人まで増殖していた。〈近代〉とはこの〈文明〉の精髄である、①自然征服の技術と精神、②貨幣を析出する交換経済、③都市という密集する社会の形態、が、工業生産力として結集することを基軸として全域化し、原理化してゆく社会の局面として把握することができる。

西暦一六五〇年に六億であった地球の人口は、一七五〇年七億、一八〇〇年九億、一九〇〇年一六億、二〇〇〇年には六〇億と、やむことのない加速を重ねて増殖してきた。

一人ひとりの個体あたりの生活の水準もまた、少なくともこの〈近代〉の広大な中心部分に関する限り、量的にもまた質的にも向上しつづけ、この沸騰の局面の内部を生きる一人の個体という視点からみると、人間の進歩と繁栄は「無限」であるという感覚が、自明のものであるように共有されるに至った。

＊

二〇世紀後半は、つまり「現代」と呼ばれる時代は、この「近代」の加速度的な増殖の最終的な局面であると同時に、この増殖に絶対的な「限界」の存在することの知覚の、共有されはじめた局面であった。

一九七二年、この近代の高度成長の中心部分にあった諸国の経済人、政界人、知識人自身の会合である「ローマ・クラブ」の、『成長の限界』と題された調査結果は、このまま成長を継続する限り一世代か二世代の内に、近代生活に必須の物質資源のいくつかは地球上から枯渇するという推計を提示して、広いインパクトを与えた。これより先一九六〇年代、レイチェル・カーソンの『沈黙の春』や石牟礼道子の『苦海浄土』は、「環境」というもうひとつの対自然的な臨界問題の側面から、この近代の成長主義の危機を示した。一九八〇年代、九〇年代にはワールド・ウォッチ研究所や国連環境会議のような、いくつかの研究機関、国際会議がこの臨界の問題を正面から主題化し始めた。

最近の一〇万年間と、さらに最近の一〇〇〇年間の地球上のエネルギー消費量の変化は、図2のようである。近代の、とくに後期の近代の、加速度的な成長が、永続することの不可能な、一回的な「爆発」であることは明らかである。いくつかの動物種たちが過去に遭遇

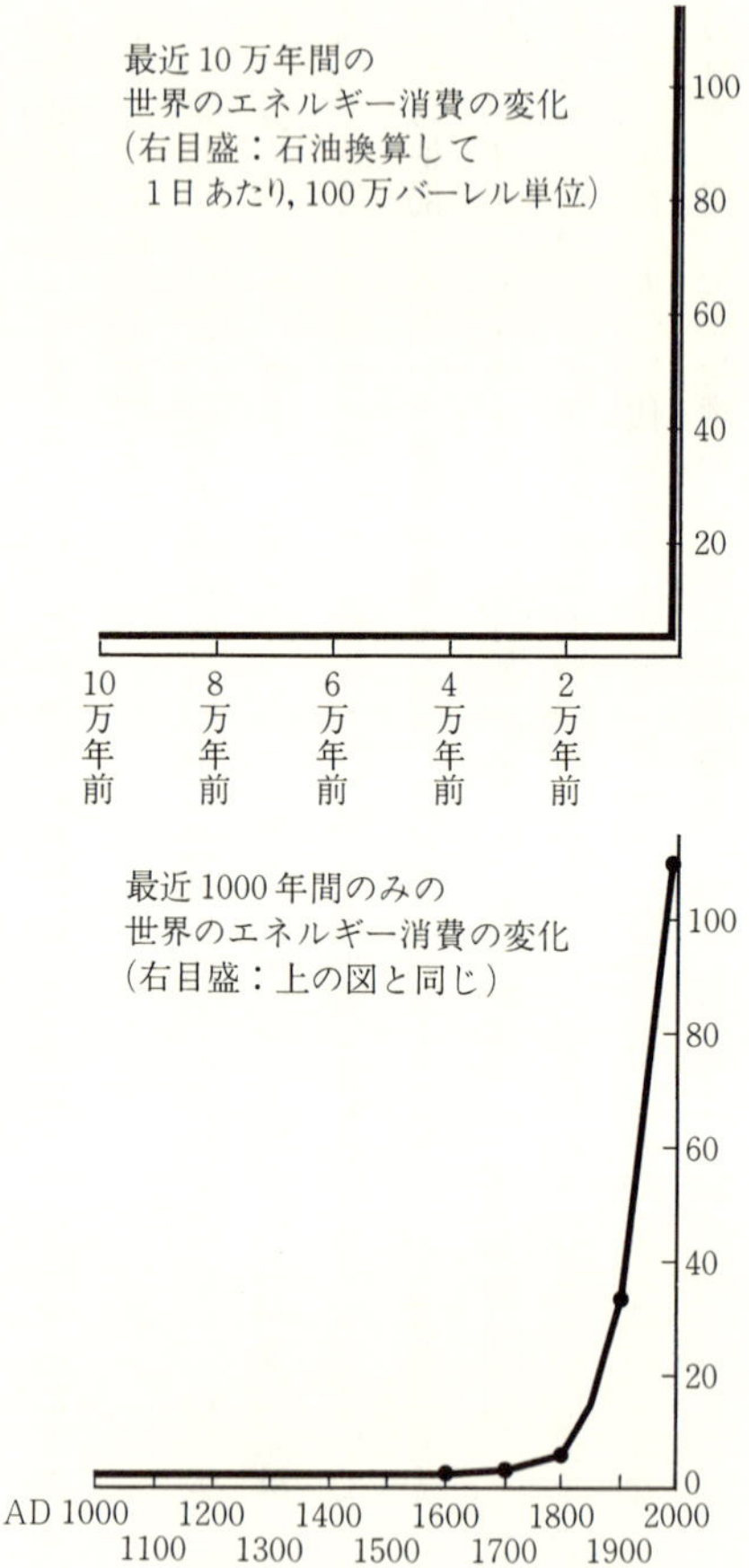

図2　世界のエネルギー消費の変化(環境庁『地球環境キーワード事典』1990, 等より)

したような破滅を回避しようとするなら、この推移線は、どこかで角度を下方に修正する「変曲点」をもたねばならないはずである。つまり人間とその文明が、もしも存続するものであれば、未来から見てこの推移線は、図1aに見たようなロジスティックス曲線（S字曲線）か、これを基本とするどのようなヴァリエーションかを描く他はない。

＊

「S字曲線」という現象を現代社会の理論の基礎として最初においたのは、『孤独な群衆』のリースマンである。一九五〇年という先駆的な時期に刊行されたこの書は、「近代」社会の古典期と明確な意識をもって区別され特徴づけられた社会としての「現代」社会の理論の、第一の古典といっていいものであるが、二一世紀の今日読みかえしてみてなお新鮮なものである。たとえばそれは、二〇世紀末「ポストモダン」の名を称された社会理論のいくつかの主要な論点――精神分析学の理論の比較社会学的な相対化、「マージナル・ディフェレンシエーション（限界的差異化）」の現象、等々――にすでに言及していた。「S字曲線」というヴィジョンはこの書でリースマンが、「伝統指向型」「内部指向型」

「他人指向型」というその高名な社会的性格の類型論の、根底にある社会の三局面として提起している。

S字曲線の理論についてのリースマンの限界は、第一に、明確な統計的な数字を提示していないこと、第二に、S字曲線という現象の全人間史的な意味とその必然性とを、透徹して把握してはいないということである。けれどもこのうちの第一の限界については、「S字曲線」が明確な統計的な数字として立ち現れるのは、『孤独な群衆』の刊行よりも後のことだから、われわれはむしろリースマンの「感覚」の確かさの方に、目をみはるべきであるように思う。

実際アメリカばかりではなく、ヨーロッパや日本、それに韓国をはじめとするいくつかの——というよりも、すべての高度産業化をとげた社会が、リースマンの著作の二〇年くらいも後から、人口増加率の減少、つまり増殖のペースダウンを実現している。

アメリカ合衆国自体についてみると、図3aのように、一見したところ、二〇世紀の終りに至るまで旺盛な人口増加を継続していて、第Ⅲ局面に移る気配はないように見える。けれども人口の増加率をみると図3bのように、二〇世紀には明確なスローダウンを見せ

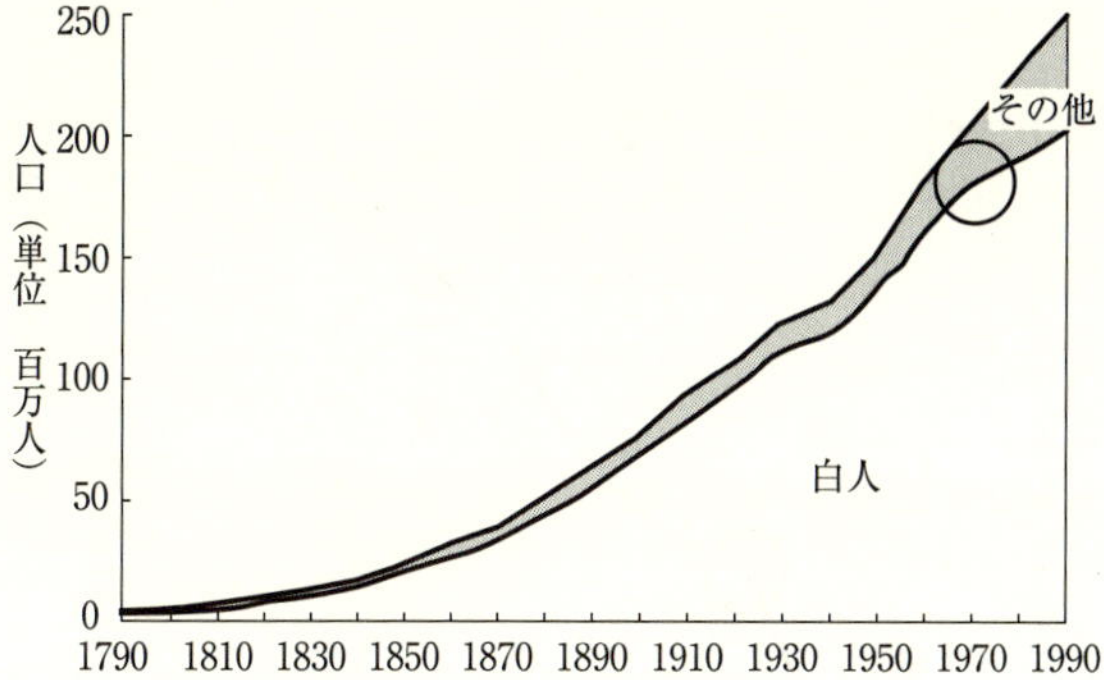

図3a アメリカ合衆国の人口
U. S. Census Bureau, United States Census 2000 より

図3b アメリカ合衆国の人口増加率
U. S. Census Bureau, United States Census 2000 より

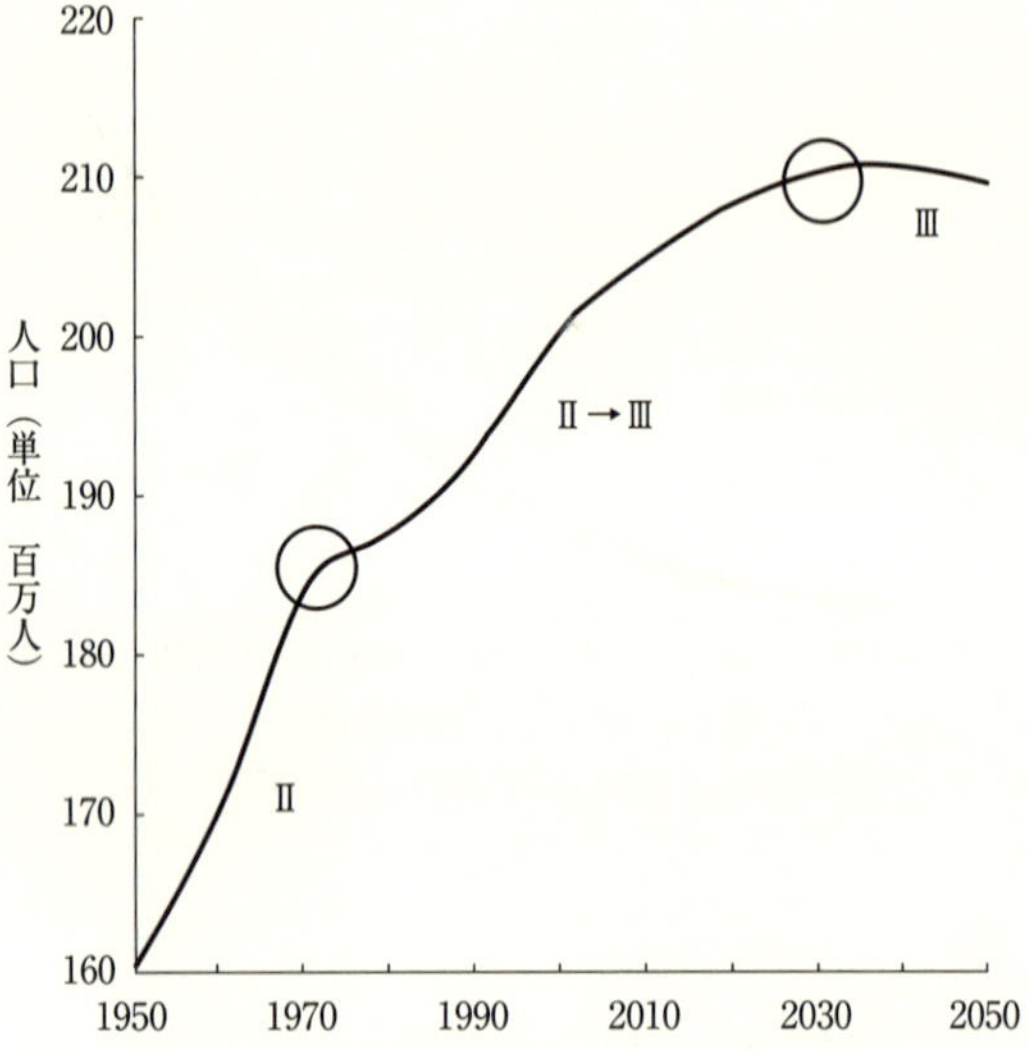

図4a　イギリス，フランス，ドイツの合計人口
United Nations, *World Population Prospects, Vol. I: Comprehensive Tables, The 2002 Rev.*

ており、リースマンの仕事のあとの一九七〇年代、八〇年代以降はいっそうの低下を見せている。人口学的な試算ではこの増加率は、二一世紀の前半にはさらに半減し（年率一・二〇%→〇・五四%）、ほぼ平衡状態となると推計されている。「先進的」な生活条件の中心的な担い手と見ることもできるアメリカの白人のみについてみると図3aのように、人口総数の推移においてもすでに一九七〇年頃を

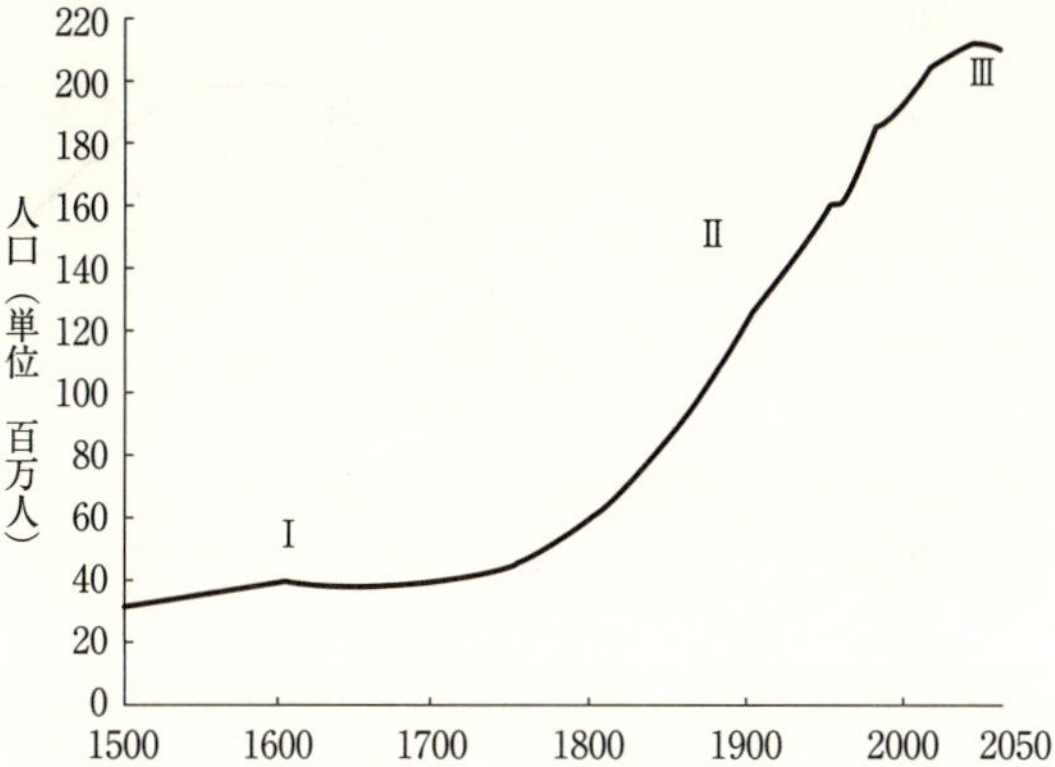

図 4 b　イギリス，フランス，ドイツの合計人口（1500－2050 年）

1500－1750：de Vries 1984, *Traité de Demographie*, Paris, Payot.（「イギリス」はイングランドとウェールズの合計による．）

1800－1900：Landry, A., 1949, *Traité de Demographie*, Paris, Payot.（各国とも，1938 年の領土による人口数．）

1950－2050：United Nations, *World Population Prospects, Vol. I: Comprehensive Tables, The 2002 Rev.* より

「変曲点」として、第Ⅲ局面への移行の兆候をみせている。

このようなアメリカ合衆国の動向は、リースマン自身がのちの著書の中で予言しているように、やがて西ヨーロッパの諸国にも見られ、それから日本、次いで韓国とかタイ、メキシコのような「若い」産業諸国の内に、幾十年かの時間差をおいて相次いで起こる、ということが予想される。けれども実際に数字を分析してみると、様相はこれとは異なっていることがわかる。

まずイギリス、フランス、ドイツ

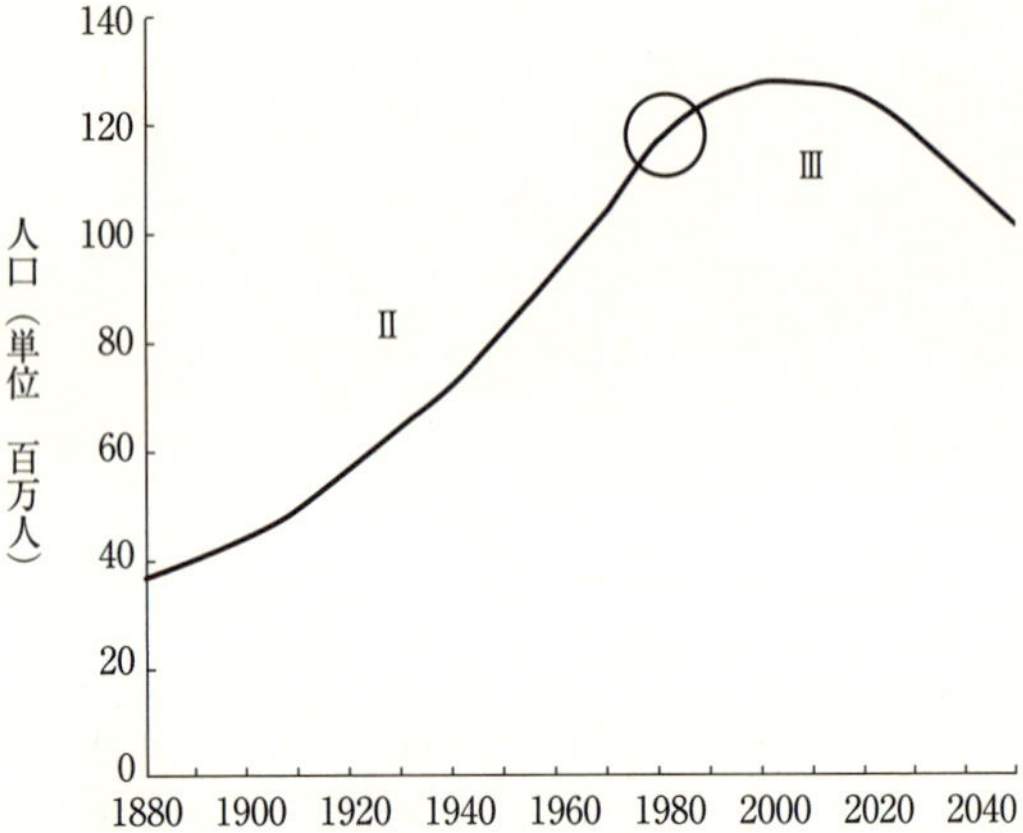

図 5　日本の人口

1880－1990 年：『マクミラン　新編世界歴史統計[2]　アジア・アフリカ・大洋州歴史統計：1750－1993』より
1950－2050 年：総務省統計局『国税調査報告書』および国立社会保障・人口問題研究所『日本の将来推計人口(平成 14 年 1 月推計)』.

というヨーロッパ主要国の人口は図4aのように、アメリカの白人と全く同じ、一九七〇年頃を変曲点として、第Ⅲ局面への移行の兆候を見せている。二〇〇〇年以降の実勢と予測値はこれもアメリカとほぼ同じ、二一世紀の前半には平衡に達するということを示す。一五〇〇年からの歴史人口統計を補って長期的に動向をみると図4bのように、はっきりとした「S字型」曲線を描く。

日本の正確な人口統計は一八八〇年ころから得られるが、図5のように、アメリカ、西ヨーロッパより一

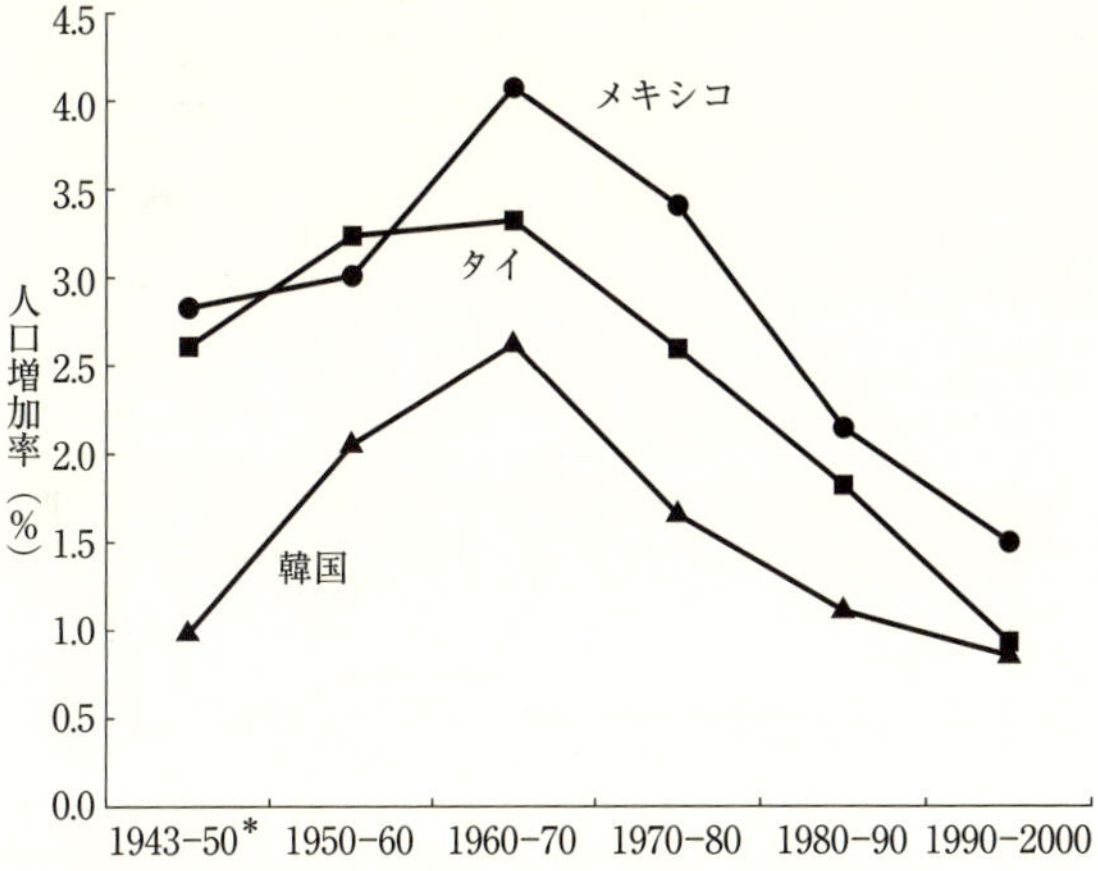

図 6　メキシコ，タイ，韓国の人口増加率

U. N. Demographic Yearbooks より
＊韓国は 1946－50

〇年おくれて、一九八〇年頃に「変曲点」を曲がり、全体としてはきれいな「修正ロジスティックス曲線」を描く。

非常に興味深いのは韓国、タイ、メキシコの人口増加率の変化である。かつて「人口爆発国」といわれたこれらの国々は、アメリカの白人社会、ヨーロッパの主要国と相呼応するように一九七〇年を変曲点として、いわば「世界同時的」に人口増加率の減少を開始している。（図6）

地球人口の全体を見ると、二一世紀初頭の現在、未だ近代の「人口爆発」の初期あるいは中期の段階、あるいは

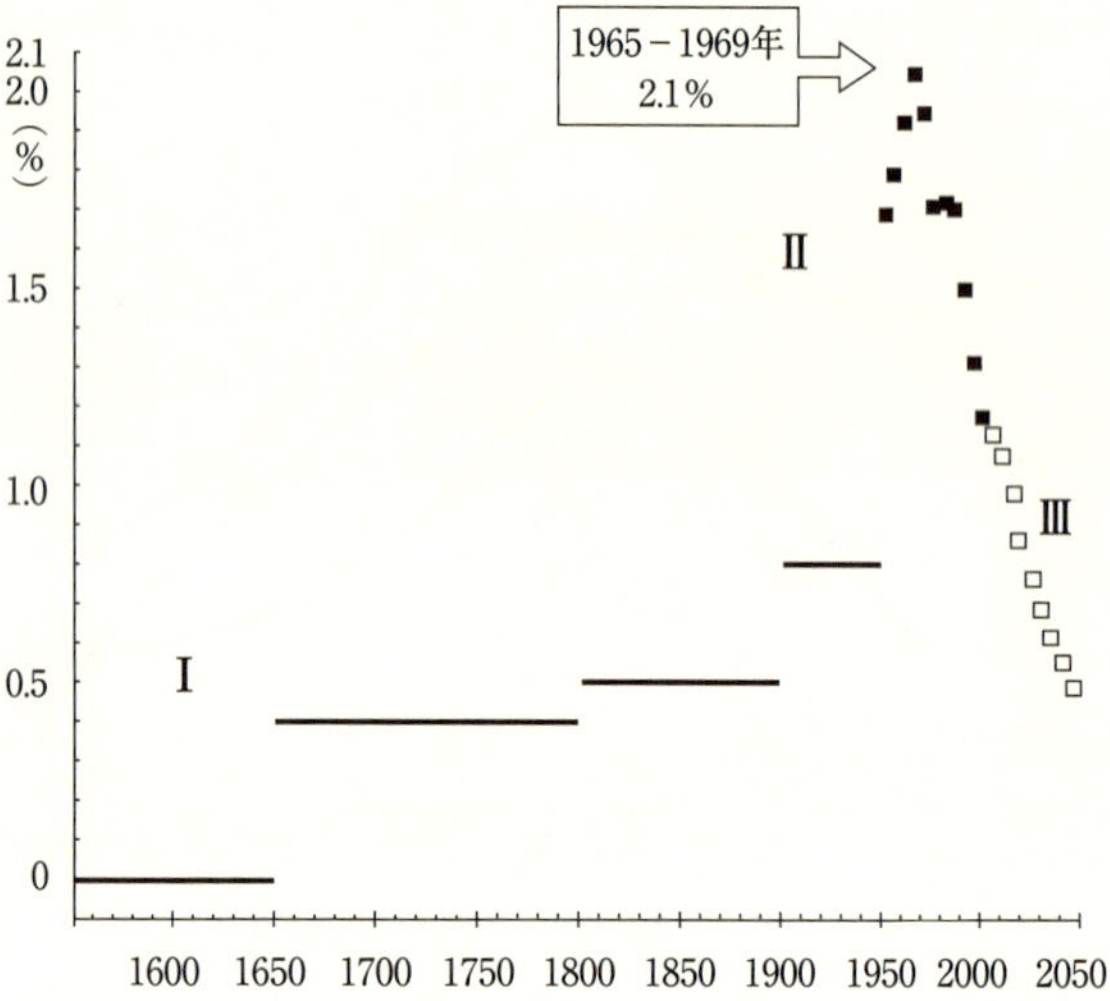

図7　世界人口の増加年率

——10年以上の間の平均年率
■5年間の平均年率
□5年間の平均年率（推計値）
U. S. Census Bureau, International Data Base (Data updated 4-26-2005) より

それ以前の段階にある地域も多いから、その全体を合成してできる曲線は、今もなお高度成長中であるように見える。

けれどもいっそう注意深く見ると、その「傾斜角」、つまり増加の率そのものは、あの一九七〇年という時期を境に、明確な減少を開始している（図7）。地球の人口増加率が年率二％をこえていたのは、一九六二年から七一年の、ちょうど一〇年間だけである。

つまり地球を総体として考

えてみたばあいにも、この一九七〇年前後という「熱い時代」を変曲点として、人間の爆発的な繁殖という奇跡のような一時期は、すでにその終息に向かう局面に入っていると考えていい。

二〇世紀後半、特に一九六〇年代、七〇年代という時代が、人間の歴史の中で、一回限りの特別な一時期であったということが、図7を見るとよくわかる。

三章の日本社会の「夢」の時代も、この全地球的な昂揚と、未だすみずみまでは解明されていない巨大な「社会」のダイナミズムをとおして連動し、この波に「乗った」一環であったということ、また「八〇年代」は、その波頭の泡立ちであったということができる。

2　人間の歴史の五つの局面。「現代」の意味

「近代」というこの無二の歴史の経験を基軸として人間史を考えるなら、農耕に始まり都市と貨幣の経済を析出してきた〈文明〉の数千年は、この「近代」の形成要素〈コンポネンツ〉をはるかに熟成し準備してきた、長い「助走」として定位することもできる。同様

に「現代」と呼ばれる社会は、この「近代」の爆発の最終の位相であるという力線と、新しい安定平衡系に向かう力線との拮抗する局面として、未知の未来の社会の形態へと向かう、巨大な過渡の時代としてとらえておくことができる。

「ポストモダン」という言葉の両義性、――近代の最先端として、ウルトラモダンともいうべき現象を指し示すことがあると同時に、近代の「後の」時代として、もはや近代ではないものを指し示すことがあるという両義性は、現代という時代の実体のこの両義性――近代の最終局面であると同時に、もはや近代ではない時代の始まりであるという両義性と、正確に重なって対応している。

だからわれわれは、人間と社会の歴史の全体の中で、どういう局面に今われわれが立っているのかということを、的確にかつ鮮明に見通すための史観を手に入れようとする限り、次のように人間と社会の歴史の局面を設定しておくことができる。（図8）

3　現代人間の五層構造

農耕を基礎とする第一次産業革命が「文明」の社会を形成し、工業を基礎とする第二次産業革命が「近代」の社会を切り開いてきたことと同じに、情報化を中心とする第三次産業革命は「現代」の社会を告知する。「情報化」は、他のところで考察してきたように(『現代社会の理論』第四章)、その可能性の核心において見るかぎり、工業化の技術とは対照的に、有限な物質資源の大量の採取解体ということなしに、無限の価値の増殖を可能とする技術、あるいは、無限に新しく展開しうる幸福と感動の鮮度の持続を可能とする技術の領域であり、このようにしてそれは、高次化された「安定平衡系」としての社会の存立を、この惑星の現実の条件の下で可能とする技術の領域であるからである。

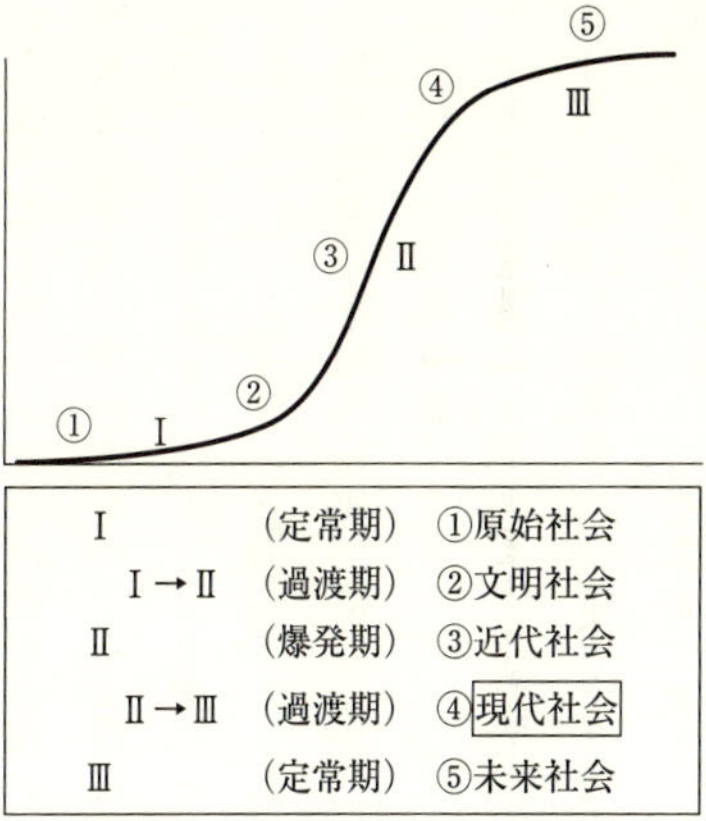

Ⅰ	（定常期）	①原始社会
Ⅰ→Ⅱ	（過渡期）	②文明社会
Ⅱ	（爆発期）	③近代社会
Ⅱ→Ⅲ	（過渡期）	④現代社会
Ⅲ	（定常期）	⑤未来社会

図8 人間の歴史の5つの局面

*

われわれの遠い祖先が道具を制作し言語と

いうコミュニケーション技術を獲得することを通して、「人間」という新しい生命存在の形式として立ち現れたということ自体を、「第0次」の産業革命と見ることもできる。

四つの産業革命が次々と切り開いてきた人間史の四つのステージは、「継起的」なものであるというよりも、「重層的」なものである。

第0次産業革命の結実である〈道具〉と〈言語〉は、「現代」に至る人間史のあらゆる局面の前提であり基底音である。第一次産業革命の結実である〈農耕〉と〈牧畜〉は、余裕のある人間生活の基礎として、工業化や情報技術化のあらゆる華麗な展開をステージの下で支え続けた。第二次産業革命の結実である〈工業〉生産力は、今日もなお「情報化」諸技術の先端的な展開の、ハードな前提でありつづけている。「現代」社会は「近代」社会の一部分であり、「近代」社会は「文明」社会の一部分であり、「文明」社会は「人間」社会の一部分である。そしてその「人間」社会は、地球の生命潮流の一部分である。

「継起的」でなく「重層的」であるということ。この把握が、一見自明のことでありながら、われわれの未来の構想と選択にとって、基底となる認識である。ひとつのものが死滅して、それに代わって新しいものが出現するという仕方ではない。ひとつのものは生きつづけ、その上に立って、新しいステージが展開し、積み重ねられる。

どのように「現代的」な情報化人間もまた同時に「近代人」である。個我の意識や合理的な思考能力をもって世界と対峙する力、時間のパースペクティブの中で未来を見とおす力を身にそなえている。どのような「近代人」もまた特定の「文明」の人間である。ヨーロッパや日本や中国やインドやアラブの文明圏の、幾千年にわたって熟成されてきた言語や文化や感性によって色づけられた精神の地層をどこかに持っている。どのような「文明」の人間もまた、原初以来の「人間」という類に普遍する、言語能力と制作能力、社会感情というべき心性と能力と、これを支える身体特性を共有している。そしてどのように先端的な「現代」人間も、食べること、飲むこと、呼吸することなしに生きつづけることはできないし、生命潮流の増殖する衝動によって活性化された感受性をもって、

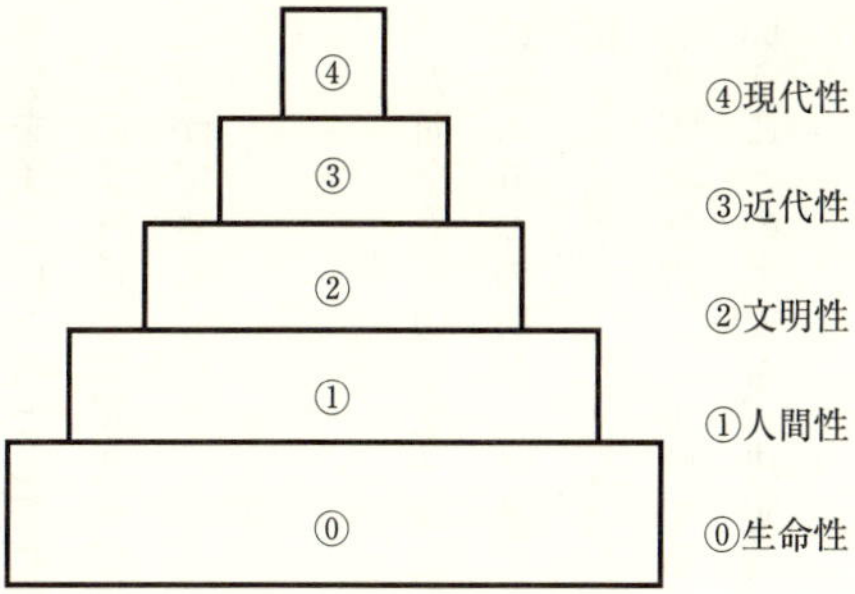

図9　現代人間の５層構造

世界を美しいものとして彩色する力をその存在の核心部に充填されている。

このようにして現代人間は、図9のような五層の構造をもった存在として把握しておくことができる。

＊

人間をその切り離された先端部分のみにおいて見ることをやめること、現代の人間の中にこの五つの層が、さまざまに異なる比重や、顕勢／潜勢の組み合わせをもって、〈共時的〉に生きつづけているということを把握しておくことが、具体的な現代人間のさまざまな事実を分析し、理解するということの上でも、また、望ましい未来の方向を構想するということの上でも、決定的である。

4　名づけられない革命

人間をはじめて人間として存立せしめた第0次の産業革命は、道具の制作と、言語の使用によって特色づけられる。道具の制作は、農耕（第一次産業革命）や工業（第二次産業革命）のばあいと同じに、基本的に人間の対自然的な関係の技術だけれども、言語の使用は情報革命であり、第三次革命のばあいと同じに、基本的に人間の対人間的な（＝「社会内的」な）コミュニケーション技術の革命である。

　このことを足がかりとしてふりかえってみると、第一次産業革命（農耕革命）はその「文明」の社会への展開の基礎に、文字という情報化革命を伴っていたし、第二次産業革命（工業革命）はその「近代」の社会への展開の基礎に、印刷術をはじまりとするマス・メディアの発明を伴っていた。（マクルーハン『グーテンベルクの銀河系』やベネディクト・アンダーソン『想像の共同体』はそれぞれにちがった仕方で、近代世界の形成におけるこの情報化革命の決定的な役割を洞察している。）「情報革命」ということ自体は、ほんとうは第三次産業革命に固有のものであるというよりも、第0次革命（言語！）、第一次革命（文字！）、第二次革命（マス・メディア！）にも共通する「様相」であるともいえる。

　「情報革命」という様相のこの一般性に着目するなら、四つの革命は次のように整理し直しておくことができる。（表1）

表１　産業革命と情報革命

	人間／自然関係 産業革命	人間／人間関係 情報革命 （コミュニケーション革命）	
0次革命	道具化	言　語	⇒人間社会
1次革命	農耕化	文　字	⇒文明社会
2次革命	工業化	マス・メディア	⇒近代社会
3次革命	消費化	「情報化」	⇒現代社会
4次革命	x	x	X

＊

第0次産業革命（道具）は第0次情報革命（言語）と照応し、第一次産業革命（農耕）は第一次情報革命（文字）と照応し、第二次産業革命（工業）は第二次情報革命（マス・メディア）と照応していた。

産業革命と情報革命（コミュニケーション革命）の表面上の先後関係と因果連関はその都度に異なっていて、この異なりの考察はそれ自体興味のつきない社会学的な主題として開かれている。けれども両者（産業革命と情報革命）は、人間の生きる世界のその都度の巨大な地殻変動の中で、互いに他を触発して止まない仕方で連動する同じひとつの総体的な運動の二つの側面、あるいは二つの〈位相〉のようなものとして、はじめて透明に掌握することのできるものである。

「現代」という社会を切り開いた狭義の「情報化」革命もまた、これに照応する人間／自然関係の転回として「消費化」革命と連動していた。

けれども図2等に見てきたように、近代という「爆発」の巨大な成功をとおして人間が、その存在の前提としての惑星の自然をほとんど征服しつくし、方向をどこかで転回することの他に存続の可能性はないという事実を直視するなら、「情報化」と「消費化」というこの現代の革命の向こう側にさらに一つの、いっそう原的ということもできる転回を見ることができる。それがどのように思いがけない形態をとるものであっても、それは一つの永続する〈共存〉の技術でありシステムであるはずである。

有限なものを無限なものであるように幻想することをとおして有限に終わるシステムではなく、有限なものを有限なものとして明視することをとおして無限に開かれたシステムの方へ、それは転回する革命であるはずである。

それはこれまでのすべての人間／自然関係の革命がそうであったことと同じに、――道具の制作が〈人間〉という存在の形を生み、農耕が〈文明〉という世界を開き、工業が〈近代〉という時代を形成したことと同じに、人間の生の世界の全領域の――社会の形式と価値の基準と感覚のすべての領域の、転回をはるかに触発してゆくこととなるだろう。

このもうひとつの、未だ名づけられてはいない革命の方からふりかえって見るなら、「現代」という過渡の局面を形成してきた二つの革命、――生産の自己目的化を転回して「享受することの幸福」の本原性を復位する「消費化革命」と、マス・メディアの一方向性を転回して「交信」のテクノロジーを用意する「情報化革命」は、この名づけられてはいない革命、――人間と自然の関係/人間と人間の関係の双方における、〈共存することの祝福〉ともいうべきものを基軸とする世界を切り開く未知の革命を、はるかに準備する転回であったということができる。

補　交響圏とルール圏

――〈自由な社会〉の骨格構成――

1 「シーザーのものはシーザーに」。魂のことと社会の構想

「シーザーのものはシーザーに返せ」というイエスのことばにふれて、D・H・ロレンスは、次のような痛切な問いを提起している。

イエスは真に清浄な魂として、金銭のこと、権力のことと関わることを拒んだ。けれども金銭はパンを意味する。人間のパンは誰のものでもない。金銭はまた権力を意味する。権力は権威を欲する、権威は魂を支配する。権力はいつか必ず、魂に暴力を加える他はないだろう。魂の自由も、魂の無垢も、魂から一番遠いことどもと相渉《わた》ることなしに、生きつづけることができない。これはイエスの死後すぐに、六〇年を経ずしてその魂の徒が、シーザーの支配する地にあっておかれた現実の状況であり、過酷な不可能性の経験であった。

(『アポカリプス』)

「過ちであった。」とロレンスが断言するとき、どういう痛恨がロレンスの内で飲み下されていたかをわたしは知らないけれども、同じ痛恨は、多くの人が、いつか共有する他のないものである。

ほんとうはイエス自身が、このような過酷を予め生きつくしていなかったわけではない。〈鳩の如く／蛇の如く〉と語る身体に、満身の創痍の痛覚がなかったわけはない。〈シーザーのものはシーザーに〉ということばの文脈は、マタイやルカやマルコの共観して伝えているとおり、社会の秩序の反逆者としてイエスの言質をとっておとしいれようとするパリサイ人、祭司長たちの策略に対して、〈シーザーのことはシーザーの如く〉捌《さば》く逞しいイエスの機略の実践に他ならなかった。

理論として肝要のことは、それがイエスの語の批判として正当であるか否かということではない。ロレンスの思考がわれわれの前に開け放っているのは、魂のことの相渉る他のないものとしての、社会の理論の問題である。

「貨幣のこと、権力のこと」を、魂のことは逃れることができない、ということである。究極には、たがいに他者である人と人との相渉る他のない世界の内で、〈魂の自由〉を相互に解き放つような社会の全域にわたる形式を、どのように構想することができるかという問いである。

〈魂の自由〉といういい方が、何か特定の認識や価値を前提するもののようにもしきこえるとすれば、形式化されたコンセプトにおきかえて、
「それぞれの主体にとって〈至高なもの〉」を、相互に解き放つような社会の形式
と、表現しておいていいだろう。

2 〈至高なもの〉への三つの態度。社会の構想の二つの課題

ニーチェの生涯は、ある困難な稜線を踏み渡ろうとする孤独な試みであった。ニーチェが闘ったこの困難な二正面闘争をふりかえりながら、バタイユはそれをこう記している。

第一に、〈失われた至高性を回復すること〉。

第二に、〈他者に強いられる至高性の一切の形式を否定すること〉。

ニーチェにとっては、失われた至高性を回復することが肝要であった。／伝統的な至高性に対しては、ニーチェもコミュニストと同じ態度をとった。だが彼は、人間が――ひとりひとりの人間が――ある集団的な企図の手段であって目的ではないような世界を、受け入れることができなかった。彼がナチズムの先駆者たちを相手取るときの嘲笑的なイロニーや、コミュニズムのもとになった当時の社会民主主義に対して示したそっけない、しかし軽蔑なしの拒否は、そこから生じる。／ニーチェを神あるいは道徳から遠ざけていたのは、享楽への個人的欲望ではなく、一つの抗議であった。すなわち、キリスト教の中に埋没してしまった、人を隷従させるような至高性のかたちと、理性が自己目的化されるために主体的な生や思想が閉塞させられてしまうような状況との双方に、同時に向けられる抗議であった。

（バタイユ『至高性』）

この双面的な抗議は、〈魂の自由〉を擁護することと、〈魂の自由〉を擁護すること、として把握しておくこともできる。

ニーチェがその時代の逆風に逆らって敢行しようと試みた孤独な双面の闘いは、ほんとうに〈自由な社会〉の条件を構想する課題の遂行において、これをわれわれが、明確に意識して引き受けなければならない、困難な二正面闘争の構図でもある。

3　社会構想の発想の二つの様式。他者の両義性

社会の理想的なあり方を構想する仕方には、原的に異なった二つの発想の様式がある。一方は、歓びと感動に充ちた生のあり方、関係のあり方を追求し、現実の内に実現することをめざすものである。一方は、人間が相互に他者として生きるということの現実から来る不幸や抑圧を、最小のものに止めるルールを明確化してゆこうとするものである。これは、社会思想史の歴史的な分類ではなく、社会の思想の現在的な課題の構造である。社会思想史的にいうなら、そのどちらでもないようなもの、プラトンからスターリンに至る、さまざまなイデオロギーや宗教を前提とした社会の構想史があるが、現在のわれわれにとって意味のある社会の構想の発想の様式は、究極、この二つに集約されるといってい

い。

前者は、関係の積極的な実質を創出する課題。

後者は、関係の消極的な形式を設定する課題。

二つの課題は、人間にとっての他者の、原的な両義性に対応している。他者は第一に、人間にとって、生きるということの意味の感覚と、あらゆる歓びと感動の源泉である。一切の他者の死滅したのちの宇宙に存続する永遠の生というものは、死と等しいといっていいものである。〔わたしは子どもの頃「永遠の生」を願って、この願いの実現した幾兆年後の宇宙空間にただひとりでわたしが生きている生を想像してみて、他者のない生の空虚に慄然としたことがある。〕他者は第二に、人間にとって生きるということの不幸と制約の、ほとんどの形態の源泉である。サルトルが言っていたように、「地獄とは他者に他ならない」。想像のものでなく現実のものとしての地獄は、（無理をして例外を思い浮かべることはできるが、）ほとんどが、他者の地獄に他ならない。

社会の理想的なあり方を構想する仕方の発想の二つの様式は、こんにち対立するもののように現れているが、たがいに相補するものとして考えておくことができる。一方は美しく歓びに充ちた関係のユートピアたちを多彩に構想し、他方はこのようなユートピアたちが、それを望まない人たちにまで強いられる抑圧に転化することを警戒し、予防するルールのシステムを設計する。両者の構想者たちの間には、ほとんど「体質的」とさえ感じられる反発が火花を散らすことがあるが、一方のない他方は空虚なものであり、他方のない一方は危険なものである。それはこのような社会の構想の課題の二重性が、人間にとっての他者の、原的な両義性に対応しているからである。

4　〈関係のユートピア〉・間・〈関係のルール〉。社会の構想の二重の構成

〈他者の両義性〉の内、生きるということの意味と歓びの源泉である限りの他者と、生きるということの困難と制約の源泉である限りの他者とは、その圏域を異にしている。圏域を異にしているということの単純な認識が、社会構想の理論にとって、実質上決定的な意味を持つ前提である。たとえば二〇世紀を賭けた「コミュニズム」という巨大な実験の破綻は、この圏域の異なりに無自覚であったということに起因するとさえいってよいもので

ある。全域的ではありえないものの美しい夢を、全域的であるもののように、ありうるもののように、あるべきもののように、あるはずのもののように、幻想した自己欺瞞の内にあったとさえいってよいものである。

「人はどれだけの土地を必要とするか」というロシアの童話があるが、人はどれだけの関係を必要とするかということを、わたしたちは問うてみることができる。他者のない生は空虚であり、先にみたように、一切の他者の死滅した後にただ一人永遠の生を享受する生は、ほとんど永劫の死と変わりのないものであるが、この生が生きるということの意味を取り戻し、歓びに充ちた生涯であるためにさえ、他者はたとえば、数人で充分であるということもできる。わたしの思考実験では、極限の場合、激しい相互的な愛が存在している限り、この他者は一人であっても、なお永劫の生を意味づけるに足るものである。対をもって最小となすというアルセストみたいな思考には批判があるかもしれないし、わたしもこの点に理論上固執するつもりはないが、最大限に考えて数十人という、純粋に愛し合う人びとに囲まれた生が、歓びに充ちた生であることにとって、なお不足があるというよくばりな人は、少ないと思う。

もちろんわれわれは現実の構造の中で、幾万人、幾百万人、幾億人という他者たちなしには、生きていけない。現代日本の都市に住む平均的な階層の一人の人間を考えてみれば、食料を生産する国内・国外の農民たち、牧畜者たち、石油を産出する国々の労働者たち、これら幾億の他者たちの存在なしには、一つの冬を越すことも困難である。この意味で人は、幾億の他者たちを「必要としている」ということもできる。けれどもこのような、生存の条件の支え手としての他者たちの必要ならば、それは他者たちの労働や能力や機能の必要ということであって、何か純粋に魔法の力のようなものによって、あるいは純粋に機械の力か、自然の力等々によって、それが充分に供給されることがあればよいというものであり、この他者が他者でなければならないというものではない。つまり他の人間的な主体でなければならないというものではない。他者が他者として、純粋に生きていることの意味や歓びの源泉である限りの他者は、その圏域を事実的に限定されている。

これに対して、他者の両義性の内、生きるということの困難と制約の源泉としての他者の圏域は、必ず社会の全域をおおうものである。

現代のように、たとえば石油の産出国の労働者たちの仕事にわれわれの生が依存し、またわれわれの生のかたちが、フロンガスの排出等々をとおして、南半球の人びとの生の困難や制約をさえ帰結してしまうことのある世界にあっては、このような他者との関係のルールの構想は、国家や大陸という圏域の内部にさえ限定されることができない。たとえば一国の内域的な社会の幸福を、他の大陸や、同じ大陸の他の諸地域の人びとの不幸を帰結するような仕方で構想することはできない。

つまりわれわれの社会の構想の二重の課題は、関係の射程の圏域を異にしている。生きることの意味と歓びの源泉としての他者との関係のユートピアの構想の外部に、あるいは正確には、無数の関係のユートピアたちの相互の関係の構想として、生きることの相互の制約と困難の源泉でもある他者との、関係のルールの構想という課題の全域性はある。圧縮すれば、われわれの社会の構想の形式は、

〈関係のユートピア・間・関係のルール〉

という重層性として、いったんは定式化しておくことができる。

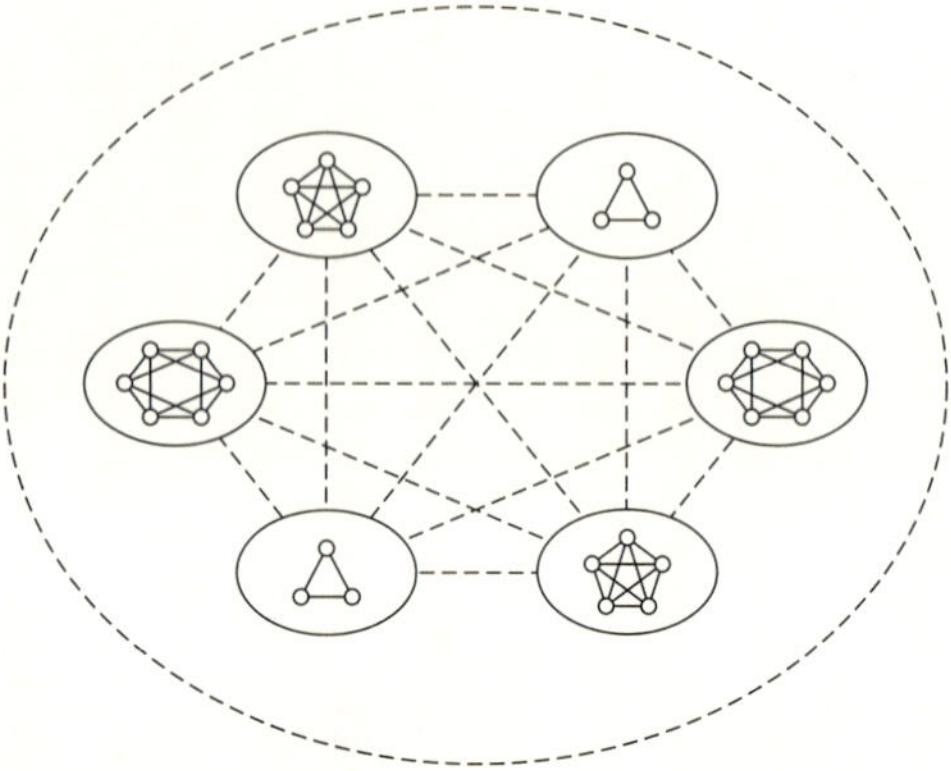

図1 〈モデル0〉

あるいはこれを、極限にまで単純化された〈モデル0〉ともいうべきものとして視覚化するなら、次のように、いったんは図示しておくことができる。（図1）

〈関係のユートピア〉と仮に名づけておくものの内部の他者たちは、交歓する他者たちである。図の実線は、〈交歓〉という関係のモードを表現する。この交歓する他者たちの圏域の外部の他者たちとの関係は、相互にその生き方の自由を尊重し侵さないための協定 agreement を結び、このような自由を保証するための、最小限度に必要な相互の制約のルールのシステムを明確化する。図の点線は、このような〈尊重〉という関係のモードを表現する。つまりわれわれの社会

の理想像において、すべての他者たちは相互に、
〈交歓する他者〉and/or〈尊重する他者〉
として関わる。
関係のこの二つの基本的なモードは、われわれの社会の構想が、〈他者の両義性〉のそれぞれの位相に対応する仕方である。

＊「社会の理想像」をめぐる現代の代表的な論争である「リベラリズム」対「共同体主義」の対立も、この「圏域の異なり」という視点を導入してはじめて現実的に解くことができる。

5　交響するコミューン・の・自由な連合
Liberal Association of Symphonic Communes

この〈尊重する他者〉たちの相互の協定とルールのシステムは、社会の理念史としてよく知られているコンセプトでいえば、「契約」の関係である。いいかえれば、われわれの社

会構想の内、全域的なフレームを構成する原理の形式は、近代の〈市民社会〉の理念のエッセンスというべきものと、基本的に同じものである。もともと〈市民社会〉の理念と形式は、古代の最初の成熟した「都市国家」の試み以来〈ソロン／ペイシストラトス／クレイステネス／等々〉、〈共同体・間・関係〉の、つまり外部性としての他者たちの相互の関係の処理の形式の普遍性として、現代に至る経験の全歴史の内に蓄積し、精錬し、展開し、具体化されてきたものであり、われわれはこれを、われわれのユートピアたちの、豊饒と多彩と自由とを相互に保証する形式として、方法的に選択し、編集し、活用してゆくことのできるものである。われわれの社会構想に、近代的な市民社会の理論と異なるところがあるとすれば、それはその社会の形式においてではなく、この形式のエッセンスを方法として、希求する夢の実質の内にあるだろう。

これに対して、われわれの社会構想の構成の二重性の内、積極的な実質のユニットを構成している、〈交歓する他者〉たちの関係のユートピアというコンセプトは、社会の理念史の内で知られているコンセプトとの対応でいえば、「コミューン」という経験のエッセンスを確保しながら、個の自由という原理を明確に優先するということを基軸に、批判的な転回を行なおうとするコンセプトである。

この批判的な転回は、核となる論点なのであえてくりかえして展開すれば、社会のこれまでの理念史の内の「コミューン」という名称のほとんどが強調してきた、「連帯」や「結合」や「友愛」ということよりも以前に、個々人の「自由」を優先する第一義として前提し、この上に立つ交歓だけを望ましいものとして追求するということである。このことの系として、それは個人たちの同質性でなく、反対に個人たちの異質性をこそ、積極的に享受するものである。サルトルが、他の点では学ぶべきことの多いその社会理論の力業(『弁証法的理性批判』)において提示した、「溶融集団」――そこでは他者の他者性は溶融するという――とは反対に、他者の他者性こそが相互に享受される関係の圏域である。われわれにとって好ましいものである限りの〈コミューン〉は、異質な諸個人が自由に交響するその限りにおいて、事実的に存立する関係の呼応空間である。

このように、われわれの社会構想の積極的な実質のユニットをなす〈関係のユートピア〉たちが、コミューンという経験のエッセンスをその生命として擁護するものでありながら、個々人の自由を優先する第一義として前提すること、個々人の異質性をこそ希求し享受するものであることを表現するために、これを〈交響圏〉、あるいは〈交響するコミューン〉と名づけておくことが出来る。〈交響するコミューン〉というコンセプトには、〈溶融するコミューン〉その他、同質化し「一体化」する共同体の理想に対する、批判の意思がこめられている。

いっそう具体的な仕方で展開しておくならば、それは個々人が、自在に選択し、脱退し、移行し、創出するコミューンたちである。このようにユートピアたちを選択し、脱退し、移行し、創出することの自由は、再び外域の市民社会の、——正確にいえば、ユートピアたち相互の間の関係の協定 agreement としての——ルールのシステムによってはじめて現実に保証されることができる。

市民社会のルールの海の中で、コミューンは自由なものでありうる。実質の価値という方向からいいかえるなら、〈関係のユートピア〉たちの自由を保証する方法としてのみ、〈市民社会〉のミニマルなルールのシステムは、構築されるべきものである。

だからわれわれの社会の構想の一般的な形式の表現としての、〈関係のユートピア・

間・関係のルール〉ということは、二重の仕方で徹底された〈自由な社会〉の構想としての、積極的な実質のイメージをこれに代入して定式化しておくなら、

〈交響するコミューン・の・自由な連合〉Liberal Association of Symphonic Communes

として表現しておくことができる。

6　共同体・集列体・連合体・交響体

近代の社会学、社会理論の基本的な発想を支配してきたのは、「ゲマインシャフトからゲゼルシャフトへ」、あるいはそのさまざまなヴァリエーションという、段階の理論であった。こういう段階の理論が、正確に事実をみるものでないことは、序章でものべた。〈ゲマインシャフト／ゲゼルシャフトというタームを使うなら、〉人間のこれまでのすべての社会は、〈ゲマインシャフト・間・ゲゼルシャフト〉という、複層的な構造をもっていた。

「原始」の狩猟・採集生活の「バンド」のような共同体も、他のバンドや他の部族のバ

ンド等々との間の関係は、第一次的には相互に外的な他者として集列体であり、第二次的には、(暗黙に相互のなわばりを尊重するというような言語以前的「合意」を含めて、)協定を結んで連合する「隣人たち」であり、要するに「ゲゼルシャフト」の関係であった。

古代から中世に至る諸社会が、氏族間、部族間、村落共同体間の関係を、都市や市場や国家という形態の内に、どのように重厚なゲゼルシャフトのシステムとして編成し累積してきたかということを、われわれはすでに多くの箇所で見てきた(『時間の比較社会学』二章、三章、他)。

近代社会が個人たちのゲゼルシャフトであるということはフィクションであって、近代の市民社会は、「核家族」を基本形とする他のさまざまの、微分化されたゲマインシャフトの、相互の関係としてのゲゼルシャフトであった。フランスの国歌「ラ・マルセイエーズ」にも高らかに歌い上げられている、近代市民社会の担い手としての「市民」(シトワイアン)ということばは、一五七四年に、ジャン・ボダンによってはじめて用いられたとされる。ボダンは「市民」を、「家族の長が、その指揮する家から出て、他の家族の長と交易し取引するとき、……彼は仲間、同輩、他の者の協力者となり、市民（シトワイアン）と呼ばれる」と定義している（『共和国六書』）。この定義は、近代の「市民社会」の、ユニットが個人ではなく共同体であったということをよく示している。この時の家族はもちろん、現在の核家族よりも大きい共同体であったけれども、近代をとおして市民社会は、次第に微分化されてゆくこのゲマインシャフトの、間の関係としてのゲゼルシャフトであった。

現代の情報化／消費化社会の青年たちの関係の特質として記されている、閉じられた親密な関係の圏域としての「島宇宙」たちの並列する世界の構造も、またこのような、〈ゲマインシャフト・間・ゲゼルシャフト〉という同じ形式の、項の実質の内容を変換したヴァリエーションである。

〔ここで一気に走り抜けてきた原始社会論、古代・中世社会論、近代市民社会論、現代青年論は、もちろん徹底的に単純化されたものであり、無数の補説が必要である。この箇所で確認されるべき論理の骨子はただ一点、人間の社会は過去も現在も、〈ゲマインシャフト・間・ゲゼルシャフト〉（共同態・間・社会態）という複層の構成をとってきた、ということである。」

「ゲマインシャフトからゲゼルシャフトへ」というような段階論を前提とすれば、未来の社会は、ゲゼルシャフト化の徹底(「近代化論」等)か、ゲマインシャフトの回復(「共同体論」等)かとして、予測され、あるいは構想されるだろう。けれども今ここで見てきたように、「ゲマインシャフト/ゲゼルシャフト」を、人間の社会の一般的な複層構造の形式として理解するなら、社会の方向は、どちらかの項の「徹底」か「回復」ではなく、ユニットとユニット間関係という二つの水準の双方における、自由の貫徹という仕方で構想されるべきだろう。

ゲマインシャフト/ゲゼルシャフト(等)というコンセプトにおいて把握されてきた、社会関係の二つの基本的な様相を水平軸におき、それぞれの水準における自由の獲得という方向を垂直軸としておくなら、次の図を得る。(図2)

われわれの社会の構想は、社会関係の様相の一般理論の文脈の内におくなら、〈水平の軸に沿っての「右」(ゲゼルシャフト化)、あるいは「左」(ゲマインシャフト化)を選ぶのではなく、〉〈共同体・の・集列体〉としての社会の複層構造を、〈交響体・の・連合体〉とし

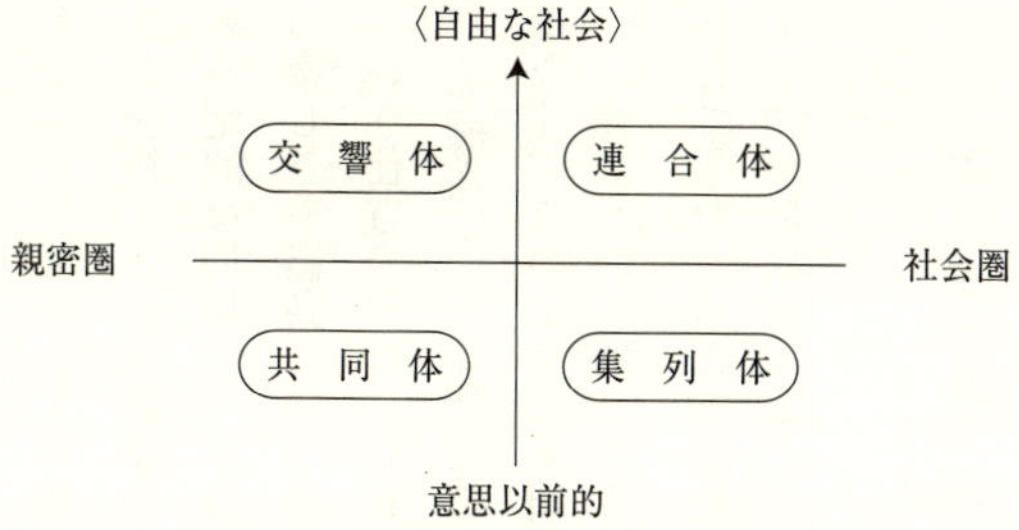

図2　社会の形式の4つの象限

＊序章コラムの図，およびその脚注(p. 18)を参照.

ての社会の複層構造に、転位してゆくということである。

連合体と交響体は、観念の内にだけある「理想の形」というものではなく、すでに人間の経験の歴史の内に、重厚な試行の蓄積をもつものである。

連合体（公共体）は、単純に社会態の「理想の形」というものではなく、集列性の経験の内の、人々を共同体の拘束から解き放つ力——開放性、多様なかつ異質なものの接触と共存、という経験のベースの形式を、共同体の経験の内のいくつかの肯定的な様相——基礎的な信頼basic trust の可能性、基本的な価値を共有することの可能性、コミュニケーションの楽しさの可能性、等を媒介として、新しく構成し、編成するという仕方をとおして、歴史の中で、さまざまに創出され、展開されつづけてきた。（図2）

交響体は、単純に共同態の「理想の形」というものではなく、共同体の経験の内のすてきなエッセンス——関係の直接的な歓び、共にあることのエクスタティックな感動やしずかな祝福、という経験の火芯のようなものを、「外部的」な社会態の経験の内のいくつかの肯定的な様相——開放性、関係の偶然性の楽しさ、多様なかつ異質なものの接触と共生の楽しさや感動という経験を媒介として、新しく開かれた場所に点火し、新鮮な風を送るという仕方で、われわれの歴史の中で、さまざまに現出し、展開されつづけてきた。

〈交響体・の・連合体〉という社会の構想は、無から有を作りだそうとするユートピアではなく、このように共同態と社会態という、社会関係の経験の二重の形式の、相互の媒介ということをとおして、幾千年かの人間の経験の歴史の中で、追求され、試行され、展開されてきたものの肯定的なエッセンスというべきものを、純化し、自覚化し、全面化しようとするものである。

7　モデルの現実化Ⅰ　圏域の重合／散開

前節(第6節)は、間奏である。5節までにのべてきたことを、「下から」支えておくものである。5節までの論理の流れに戻ろうと思う。

5節でのべてきた、〈交響体・の・連合体〉（交響するコミューンの自由な連合）の、モデル0ともいうべきもの（図1）に戻って出発点としよう。

この〈モデル0〉では、第一に、〈交響圏〉の圏域が、ほぼ同じ大きさのものとして描かれている。しかしもちろん、一つの〈交響圏〉の圏域は、二人、五人、二〇人、一〇〇人、等でありうる。純粋に形式的な可能性としては、上限を設定することができない。

しかし多くの〈よい集団〉のつまずきの石は、圏域を必要以上に拡大しようとしたことにあった。宗教的、イデオロギー的な信仰や信念によって結合されている集団の場合、ことにこのような拡大が、集団の外部に対しても、集団の内部に対しても、危険な結果を招いたという実例を、われわれは歴史の内に、多すぎるくらい見ている。このような拡大志向の極限の形式として、コミューンの社会全域性を幻想するイデオロギーがある。

最小の極限を考えてみると、それはもちろん、対の愛である。

けれども社会の、全域的な関係としての連合体の、ユニットとして考えるなら、さまざまな規模の〈交響圏〉とならんで、単独者というユニットもまた、同等に認定されるべきである。交響する他者を、生きている現実の人間たちの内にはもたないという単独者であることの理由は、いくらでもあるが、必ずしも不幸な事情によるばかりでなく、積極的な、あるいは移行的な理由から、社会はつねに、単独者というユニットを含むものであるということを、市民社会のルールのシステムは、前提としておくべきである。

事実の問題としていうなら、〈交響するコミューン〉の具体的な形は、少なくとも今後幾世代かの間、（もしかしたら永遠に、）その大半が、「家族」という集団の形式をとるだろう。日本やアメリカやヨーロッパの大都市の青年たちには、そんなことはないよという人もあるだろうが、アジアやアフリカやラテン・アメリカの全域の人口を考えるなら、少なくとも半分を越える人びとにとって、「家族」という集団が、生きることの意味の感覚を支える基礎的な集団でありつづけるだろう。この意味で、〈交響するコミューン〉の自由な連合〉という社会の構想が、「保守的」なものであることを、否定しようとは思わない。ただ〈交響するコミューン〉は、家族ではない形態であってもよいと考える点で、原理的にラディカルな地平に立っている。「家族」はこのように、いったん脱絶対化された上

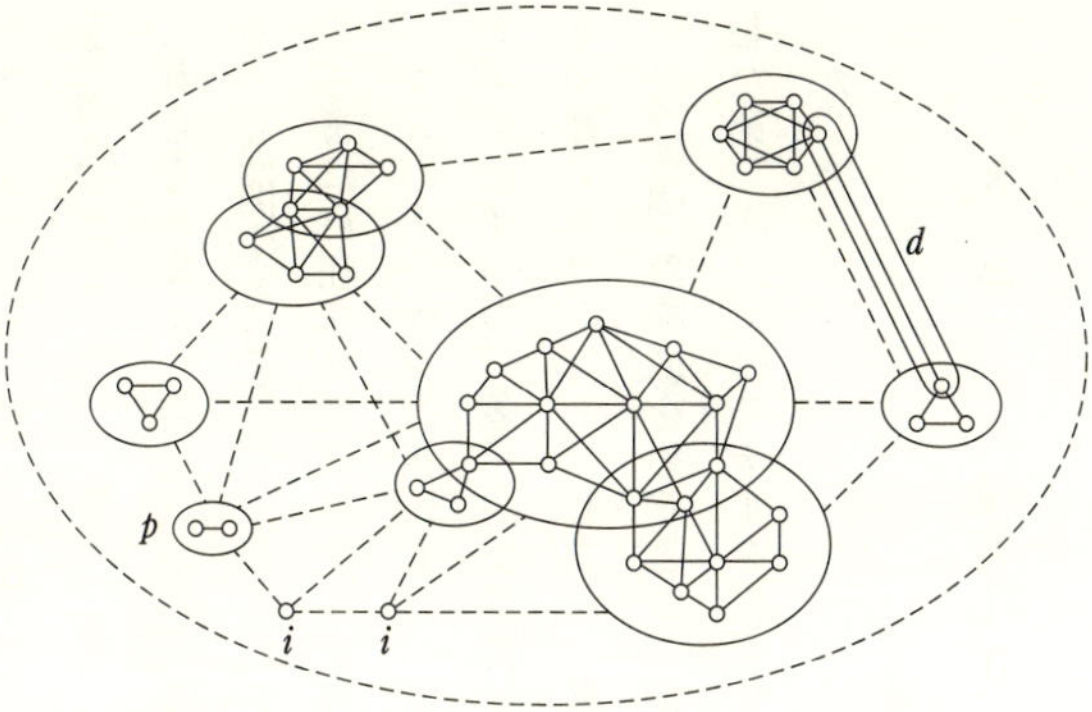

i：単独者，というユニット　p：対，というユニット
d：このdが，いくつもの海をへだてた距離であることもある．

図3

で、それが自由で幸福なものである限りにおいて、惜しみなく祝福されるべきものである。交響するコミューンであるような家族は、「例外的」というほどに少ないものではない。抑圧的な不幸な家族は無数にあるが、自由な幸福な家族もまた無数に存在している。

とはいえ家族は、もちろん交響するコミューンの、唯一の形態ではない。地球の反対側に住む一人の友人が、どの家族よりも、魂において近しい存在であるということもある。家族であっても、大陸を異にする友人であっても、〈交響する他者〉であることもできるし、外部の他者であることもできる。

ウェッバーの「関心のコミュニティ」(非・場所的なコミュニティ)論、ガンパートの「地図にないコミュニティ」論、アロンソンの「サイコロジカル・ネイバーフッド」論、これらをふまえた吉見俊哉の「電子の空間」理論は、とりわけ現代のメディア社会における、〈散開するコミューン〉あるいは、ディアスポラのコミューンともいうべきものの、さまざまに自在な存立の可能性を指し示している。(『メディア時代の文化社会学』)

ガンパート等が直接にものべているように、それは当然、一人の人間の、さまざまなコミュニティへの、多元的な帰属ということを可能とし、また現実のものとしている。つまり交響するコミューンもまた、幾重にも重なり合うものでありうる。

〈交響圏〉の圏域をめぐるここまでの吟味を導入した地点でいったん、〈モデル0〉を修正した第二次近似のモデルを視覚化しておくならば、図3のようなイメージを手に入れることができる。

8　モデルの現実化Ⅱ　関係の非一義性

〈モデル0〉の現実化の第一の段階として圏域の重合／散開ということをみてきた。このように交響圏というものを、自在に重合し散開するものとしてとらえたあとにもなお、〈交響圏〉と〈ルール圏〉とのあいだには、分厚い「中間の領域」が存在するようにみえる。

古典的なモデルとしての「社交界」は、それが英語圏やラテン系諸語圏での「社会」という一般詞のもととなったように、異なった共同態の人びとの出会う場所として、〈尊重し／配慮する〉他者たちの間のルールの遵守ということを第一義として存立しながら、そこで人びとが、交響性の適切にうすめられた抽出液のごときものを味わって楽しむ場所でもあった。

現代の雰囲気のよい職場の「同僚」の関係というようなものも、相互の適切な「距離」の尊重と配慮ということを基底としながら、直接にそれが歓びであるような会話や協同を、時に応じて楽しむことのできる場所である。

さまざまな制度の内部や外部につくられるゼミナールやサークルのような集団も、他者の自由の相互の尊重という形式を優先する原理として基底におきながら、可能な限りの歓ばしい交響性の濃度や淡度を楽しむことのできる空間／時間として経験されることができる。
現代の都市的な近隣の「地域社会」は、ちょうど「社交界」と対照的に、英語圏では「共同体」communityということばがあてられ、日本でも行政用語等においては、「コミュニティ」の語があてられるが、相互の生き方の内容についての自由を尊重するルールの圏域という意味での、社会態(公共態)の原理をこそ基底におくべきものである。けれどもそこで、人びとは同時に直接の交響性の、適切な濃度/淡度の香気のごときものを、日常の生活の内に味わって楽しむこともできる。

このような関係の領域の存在という事実は、「中間的」な圏域あるいは第三の圏域の設定という仕方によるよりも、〈交響関係〉〈ルール関係〉というものを、同一の関係の内に共存することもできる関係の成分(様相)としてとらえかえすということをとおして、より一般的な仕方で理論化することができる。つまり、交響圏/ルール圏というものを、関係の様相としての交響性/ルール性の、ドミナンス(相対的な優位)によって定義しなおす、という仕方である。(図4)

〈交響圏〉の純化された極限のようなものを考えてみると、それは、〈愛の絶対境〉のよう

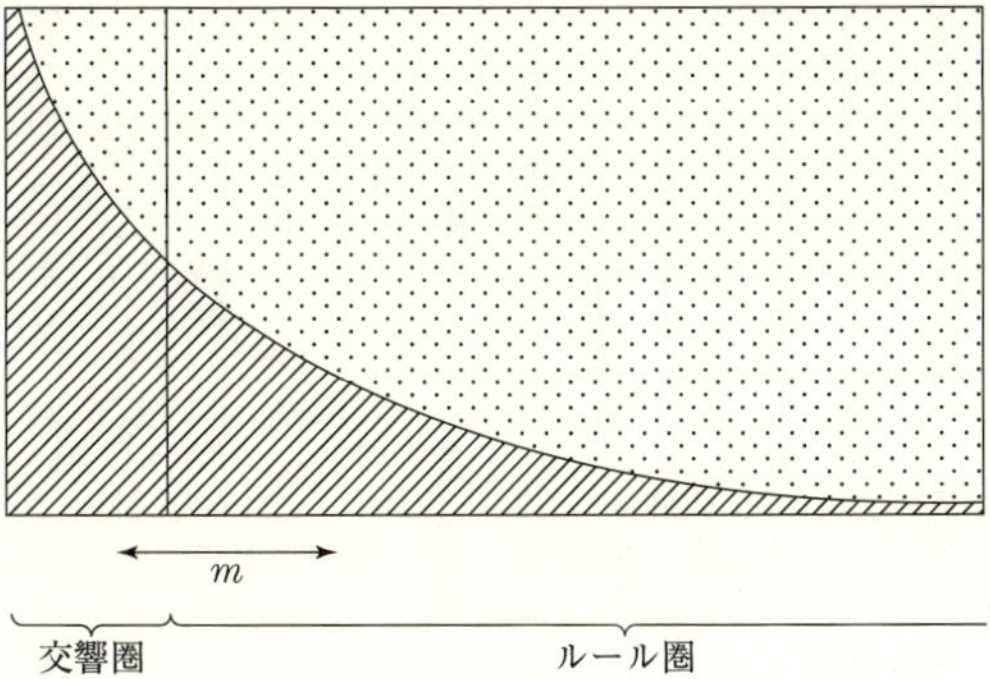

⬚：ルール関係，としての様相
▨：交響関係，としての様相
←m→：「中間的な」諸領域

＊　厚生経済学の第一世代が考えたように数量的に測定しうるという意味ではない．——態(——圏)と——性というコンセプトの関係を把握するための，方法としての図形化である．

図４

なものである。「ベッドの上ではどんなルールも存在しない」というように、性愛に限らず、どのように精神的な、あるいは魂の愛というべきものであっても、純粋な〈愛の絶対境〉の内にあっては、どんなルールも必要のないものである。むしろあらゆるルールがその都度、のりこえられてゆくものである。純粋な〈愛の絶対境〉というものを、乾燥したことばで定義するなら、〈他者の歓びが直接に自己の歓びであり、自己の歓びが直接に他者の歓びである〉という原的な相乗性の関係であるが、

「ルール」とは、他者の歓びが自己にとっては歓びでなく、自己の歓びが他者にとっては歓びでない限りにおいて、必要とされるものだからである。

けれどこのように、純化されつくした〈愛の絶対境〉は、ほとんど極限の理念としてか、限定された持続の内部の真実としてしか一般には存在しない。どんな交響体も、現実の集団として年月を持続してゆく限り（そして、抑圧の共同体に転化するのでない限り、）さまざまな願望たちの間に折り合いをつける、ルールの関係の補助的な導入を必要とする。

反対の極の方から考えてみると、どのように空間的に、あるいは価値関心的に遠い他者でも、突然のように、純粋な交響性の火花のようなものが走る瞬間に打たれてしまうということがある。それはその都度、圏域が変動したのだと考えておくこともできるが、われわれはすべてのものとの間に、このように不可視の交響性の様相を、予め潜勢しているのだと考えてみることもできる。あるいは、このように潜勢する交響性の様相というべきものが、〈尊重する他者〉たち相互の連合体の存立の普遍性を可能なものとして、どこかで下支えしているのだと考えてみることもできる。

9　二千年の呼応

われわれははじめの二節で、問題を提起してきた。問題は、われわれの生にとっての、〈至高なもの〉を解き放つことと、他者にとっての〈至高なもの〉のこの解き放ちを相互に可能とするような、関係の形式を構想するということにあった。

「シーザーのものはシーザーに、神のものは神に」というイエスのことばと、このことばへの、ロレンスの痛切な問いを出発点とした。貨幣のこと。権力のこと。パンのこと。魂から最も遠いことどもをシーザーの手にわたすなら、魂の自由はいつか、生きることができないということが、ロレンスの提起する問いだった。

ニーチェの試みは、魂のことを手放すものと、魂のことを支配しようとするものという、二つの巨大な時代の崖面によって切り出された稜線を、踏み渡る歩行のようなものだった。〈魂の自由〉を擁護することと、〈魂の自由〉を擁護すること。魂ということばを消していうなら、われわれの生の内での〈至高なもの〉をとりもどすことと、他者に強いられる〈至高なもの〉の一切の形式を否定すること。

3節では、われわれの生きる世界の構想にとって、その基礎としておくことのできる社会の構想の、二つの系譜ということをみてきた。一つは、直接に歓びであり、〈至高なもの〉の生きられる形を解き放つ生のあり方、関係のあり方を構想するものであり、一つは、人間が相互に他者であり、それぞれに異なる仕方でこの〈至高なもの〉を生きつくそうとすることの事実からくる、不幸と抑圧を、最小のものに止めるルールを明確化しておこうとするものである。二つの発想は、人間にとっての他者の、原的な両義性に照応していた。他者は第一に、人間にとって、生きるということの意味の感覚と、あらゆる歓びと感動の源泉である。他者はまた人間にとって、生きるということの困難と制約の、ほとんどの形態の源泉である。この〈他者の両義性〉が、具体的にみると、その圏域をたがいに異にしているということ。そしてこの圏域の異なり(限定性/全域性)という事実が、じっさいの社会の構想にとって、実質上決定的な意味をもつということをみてきた。

4節では、この様な他者の二つの相貌と、その圏域の異なりという事実に相即する社会の構想の一般的な形式として、〈関係のユートピア・間・関係のルール〉という複層の形式が定式化された。5節ではこの一般化された形式に、〈至高なもの〉の生きられる関係を解き放つこと／〈至高なもの〉の生きられる関係の自由を相互に保障すること、という二重の課題を実現する仕方で内実を充たすものとして、〈交響するコミューン・の・自由な連合〉としての世界の構想が提起された。

6節では間奏として、このような社会の構想の複層的なモデルが、人間の社会一般の事実としての社会の構成の、複層性の理論の内に定位し直された。

7節、8節では、5節で示された社会構想の複層構造の、〈モデル0〉ともいうべき骨格線の粗描を、吟味して幾重にも具体化してきた。現実の具体性に接近するように、少しずつ流動化して現実的なものとしてきた。

このように骨格線の粗描を、肉付けして順次に消去してゆくと、もともとの複層的な構成という骨格自体が、不要な設定であったもののようにさえみえてくるかもしれない。けれどもこのような、骨格の論理としての複層の構成自体は、あらゆる中間的な領野の存在や、圏域の重合／散開という事実による現実化ということをとおして、なおわれわれの世界の構想を、起動し展開する基軸のダイナミズムとしてありつづける。それはこの複層性が、〈自由な社会〉という理念の核心を構成するアポリアと、このアポリアの構成を不可避のものとしている、〈他者の両義性〉という原的な事実に照準する形式であるからである。

「シーザーのものはシーザーに。」というイエスのことばが、ロレンスの批判にもかかわらず、正しいということをみてきた。このことばの全体の構造をみれば、〈シーザーのことはシーザーの如く〉捌く遑しいイエスの実践に他ならなかった。シーザーとは誰か。イエスのみたデナリオン貨幣に刻印されていたシーザーとは、もちろんジュリアス・シーザーではない。ティベリウス等、シーザーの名によって己を権威づけることを欲した皇帝たちである。脱固有名詞化されたシーザーの喩の眼目は、魂のことの外部のことどもの支配者ということである。貨幣の実質はパンであり、パンは本来だれのものでもない、というロレンスの洞察の正しいとおり、シーザーもまた、本来だれのものでもない。支配者 ruler とは、ルールを作るものである。そして〈自由な社会〉とは、万人がシーザーである社会である。万人が共に〈ルールを作るもの〉、ruler である社会である。〈魂の交響〉という関係の生きられる圏域の外部の関係は、われわれのすべてのものの内にあるシーザーの手に、ルールを作るものの手に委ねられるべき社会である。

〈交響するコミューン〉は魂のことであり、ルールは「シーザーのこと」である。交響を強いてはならない他者たちの相互の共存の問題であり、魂の自由を保証するシステムの構築の問題である。

だからわれわれはもういちどあの逞しい魂の宣明者の声とはるかに呼応して言わねばならない。魂のことはわれわれの内なる魂に。シーザーのことはわれわれの内なるシーザーに。と。

参考文献 〈刊行年は原著、初版刊行年。出版社、文庫、新書名等は現在入手しやすい版〉

序章　越境する知

内田隆三『社会学を学ぶ』二〇〇五　ちくま新書
杉山光信編『現代社会学の名著』一九八九　中公新書

一章　鏡の中の現代社会

石牟礼道子『苦海浄土』一九六九　講談社文庫
マックス・ウェーバー『プロテスタンティズムの倫理と資本主義の〈精神〉』一九〇四―〇五　大塚久雄、梶山力訳　岩波文庫（Weber, Max : *Die protestantische Ethik und ›Geist‹ des Kapitalismus*）
エミール・デュルケーム『社会学的方法の規準』一八九五　宮島喬訳　岩波文庫（Durkheim, Emile : *Les règles de la méthode sociologique*）
真木悠介『時間の比較社会学』一九八一　岩波現代文庫

二章　〈魔のない世界〉

柳田国男『明治大正史　世相篇』一九三一　講談社学術文庫 他
マックス・ウェーバー『プロテスタンティズムの倫理と資本主義の〈精神〉』前掲
エリアーデ『聖と俗』一九五七　風間敏夫訳　法政大学出版局（Eliade, Mircea : *Das Heilige und das Profane*）

三章　「夢」の時代と「虚構」の時代

吉見俊哉『都市のドラマトゥルギー』一九八七　弘文堂
宮台真司、石原英樹、大塚明子『サブカルチャー神話解体』一九九三　ＰＡＲＣＯ出版局
大澤真幸『虚構の時代の果て』一九九六　ちくま新書
見田宗介『現代社会の理論』一九九六　岩波新書

四章　愛の変容／自我の変容

南条あや『卒業式まで死にません』二〇〇〇　新潮文庫

五章　二千年の黙示録

ロレンス『黙示録論』一九三一　福田恆存訳　ちくま学芸文庫(Lawrence, D. H.: *Apocalypse*)
吉本隆明『マチウ書試論』一九五四〈吉本隆明全著作集4〉勁草書房 他
広河隆一『パレスチナ　新版』二〇〇二　岩波新書

六章　人間と社会の未来

リースマン他『孤独な群衆』一九五〇　加藤秀俊訳　みすず書房(Riesman, D. *et. als*: *The Lonely Crowd*)
イヴァン・イリイチ『コンヴィヴィアリティのための道具』一九七三　渡辺京二、渡辺梨佐訳　日本エディタースクール出版部(Illich, Ivan: *Tools for Conviviality*)
ワールド・ウォッチ研究所年次報告『地球白書』一九八四—　ダイヤモンド社(Worldwatch Institute: *State of the World*)

補章　交響圏とルール圏

真木悠介『気流の鳴る音——交響するコミューン』一九七七　ちくま学芸文庫
ロレンス『黙示録論』前掲
バタイユ『至高性』一九七六　湯浅博雄他訳　人文書院(Bataille, Georges: *La souveraineté*)

船橋晴俊、武川正吾、川本隆史、徳永恂、和田春樹、大澤真幸、他『社会構想の社会学』一九九六
岩波書店

あとがき

この本には社会学の「序論」「総論」「結論」にあたる部分の講義を、いくらか圧縮して収録した。

大学で四〇年間（東京大学で三三年、共立女子大学で七年）社会学の専門の授業とは別に、そのための「土台」をかねて、文学とか経済とか自然科学系とかに行く学生のための「教養としての社会学」として、「社会学」「社会学入門」「社会学概論」などという科目の講義をしてきた。この講義の最初の二、三回、最終の二、三回、夏休み前の最終と夏休み明けの初回に、社会学の全体を見わたすような、「序論的」、「原論的」、「総論的」、「結論的」な講義を行なった。この部分の講義の内の、学生諸君の反響の大きかったものを集めて、大まかな構成だけを考えて配列した。

本論は大きく三つの部分に分けられる。第一、二章（「鏡の中の現代社会」「〈魔のない世界〉」）は、人間の社会の全体的なひろがりと展開の中で、「近代社会」、「現代社会」といわれるものが、根本的にどのような特質と問題点をもつものであるかということを、できるだけ思考を活性化し触発するようなイメージをもって伝えるということを目的とした。第三、四章(「夢の時代と虚構の時代」「愛の変容/自我の変容」)は、この内の現代の日本社会に接近しクローズアップして、そこに生きる人間たちの相互の「関係」や「自分」のあり方、世界の「見え方」やものごとの「感じられ方」がどのように変容してきたかということに焦点を当てた。第五、六章(「二千年の黙示録」「人間と社会の未来」)ではもういちど広いスパンで、人間と社会の歴史の過去、現在、未来の中で「近代」「現代」という社会の意味と、困難と課題と、基本的な方向とその可能性とを主題とした。

序章(「越境する知」)は、このような社会学の本体に入る以前の、社会学とはどういう学問か、その可能性とモチーフ、テーマを粗描するとともに、「社会」というコンセプト(概念の定義)と、その存立の基本的なタイプを記した。

補章(「交響圏とルール圏」)は、未来の社会構想の骨格を記したもので、この本の終りに定位しておきたいと思うものだけれども、少し「難解」かもしれないので、いくらかの人生経験を積んでからあらためて読まれた方が、心当たりのあることが多いかと思う。本論六章の「人間と社会の未来」を、この本の「結章」と考えてもらっても一応いい、というつもりで、「補章」という別立てとした。

実際の講義のプログラムでは、ここに収録した「序論」「結論」の部分の中間に、「夏の学期」には別著『現代社会の理論』をテキストに「現代社会論」を、「冬の学期」には『時間の比較社会学』を材料に「比較社会論」を、それぞれ体系的に講義する、ということを標準のパターンとしてきたために、この「中味」の部分との対照で、これらの「序論」「総論」「結論」は、あえて非体系的に、現実の「社会」がそうであるようにいろんな要因が渾然一体となっているような仕方で話をしてきた。これらの部分で伝えようとしてきたことは、第一に、社会学の〈魂〉ともいうべきもの、鮮烈な問題意識と、モチーフ、テーマ、不羈の探求心ということ、第二に、この探求の装具としての、基本的な理論のフレームと方法的な「考え方」の土台を伝えるということ、第三に、結論としての人間と社会のさまざまなあり方の全体像を、広い視角で生き生きと提示する、ということだった。この本の目的も、この三点につきると言っていい。

いくつかの章には「コラム」という、短い文章が付されているが、（序章の「「社会」のコンセプトと基本のタイプ」、一章の「コモリン岬」、四章の「愛の散開／自我の散開」）これはその章の講義のあとでプリントとして配布して、読んでおいてもらった「付録」みたいなものである。

カラー扉の表側の写真「国境」は、四章の初めにも少しその話をしているが、それよりも社会学という「開かれた空間」に向かう越境する知への入門のイメージとして、掲げてもらった。扉の裏側の写真「コモリン岬」は、一章のコラムの主題だけれども、二章、四章の現代社会論、五章の主題、六章、補章のモチーフとそれぞれ呼応して、その「意味」を測定し照射する遠い先端点（あるいは反先端点）の一つのようなものとして、刻しておいた。（彼らは南条あやの同世代人である。）

この小さい本をとおして、「人間」と「社会」についての、一つの広い視界ともいうべきものが開け放たれてくれるなら、それだけでいいと考えている。

*

初出。その他

この本は基本的に、講義のノートとメモを基として再現したものだけれども、いくつかの章は、全部や一部を、これまでに活字にしてきた。公刊されている文章との対応関係は、次のようである。但しすべて、全面的に手を入れた。

序　越境する知。アエラ編集部編『社会学が分かる』一九九六年、総論「越境する知」。
序のコラム　「社会」のコンセプトと基本のタイプ。見田宗介、栗原彬、田中義久編『社会学事典』弘文堂、一九八八年。「社会」の項目。
一　鏡の中の現代社会。書き下ろし。いくつかのエピソードは真木悠介『旅のノートから』岩波書店、一九九四年、の中で書いた。
一のコラム　コモリン岬。書き下ろし。
二　〈魔のない世界〉。書き下ろし。
三　夢の時代と虚構の時代。東京都写真美術館の開館記念、東京／パリ同時開催の戦後日本の写真家の作品展（一九九〇年）の、解説として最初に書いた。写真関係、映像関係の事例がやや多く、また「外国人のための現代日本史の解説」という色彩があるのは、そのためである。その後 *Social Psychology of Modern Japan*, Kegan Paul International, London & N. Y. 1992, および『現代日本の感覚と思想』講談社、一九九五年、に収録。

四　愛の変容／自我の変容。『朝日新聞』一九九一年一一月五日夕刊に最初の素描。

四のコラム　愛の散開／自我の散開。『思想』二〇〇一年六月号特集「公共圏／親密圏」への巻頭「思想の言葉」。

五　二千年の黙示録。明治学院大学国際学部付属研究所主催シンポジウム「9・11以後の国家と社会」二〇〇二年一一月二日への基調報告。加藤典洋、竹田青嗣、橋爪大三郎、宮台真司と。『論座』二〇〇三年一月号、および、明治学院大学国際学部紀要『国際学研究』二四巻、二〇〇三年、に掲載。

六　人間と社会の未来。書き下ろし。

補　交響圏とルール圏。『社会構想の社会学』（井上俊、上野千鶴子、大澤真幸、吉見俊哉との共編〈岩波講座　現代社会学〉第二六巻）一九九六年、に所収。

この本の後半は、前著『現代社会の理論』の後編という意味をかねている。『現代社会の理論』あとがきに記した全体の構想は次の七部構成だった。

一　情報化／消費化社会の展開　――自己準拠系の形成
二　環境の臨界／資源の臨界　――自己準拠系の「外部問題」Ⅰ
三　南の貧困／北の貧困　――自己準拠系の「外部問題」Ⅱ
四　情報化／消費化社会の転回　――〈自由な社会〉の条件と課題Ⅰ
五　「現代人は愛しうるか」　――自己準拠系の「内部問題」Ⅰ
六　リアリティ／アイデンティティの変容　――自己準拠系の「内部問題」Ⅱ
七　社会構想の重層理論　――〈自由な社会〉の条件と課題Ⅱ

『現代社会の理論』は、このうちの一―四の四章である。五「現代人は愛しうるか」、六「リアリティ／アイデンティティの変容」の主要な一部分、現代日本社会における具体的なリアリティ／アイデンティティ、愛の変容／自我の変容の事例展開として、本書の三、四章、とくに四章とそのコラムは書かれた。他に「声と耳——現代文化論への助走」(『現代社会の社会学』(前記〈岩波講座現代社会学〉第一巻)所収)のミッシェル・フーコーの言説の社会学も、この同じ主題の一環として書かれたが、「難解」と言われているので、この『入門』からは外した。もうひとつ「現代芸術と現代社会」というテーマで、ゴッホとゴーギャン、シュルレアリスムとその展開、特にマグリット、ダリ、ミロ、それからニューヨーク抽象表現主義に至る〈アートの社会学〉のシリーズが、一方では現代社会のリアリティ/アイデンティティの変容論と、他方では「ポストモダン」に至る現代思想論と対応しながら、現代文化論の第三の「層」を形成しているのだけれども、このシリーズはカラー写真をたくさん入れないと楽しくないし、肝心のところが伝わらないので、これもこの本からは省いた。

七部構成の最終部分「社会構想の重層理論」は、この本の六章「人間と社会の未来」、および、とくに補章「交響圏とルール圏」に、その骨格をつくされている。

新しい一千年紀が、静かな歓びに充ちた幾世紀であるために。

＊

この本をつくるにあたって、まず、いつも新鮮な感受性をもってわたしの講義に反響してくれた年々の学生諸君に、ありがとう、と言いたい。一回一回の授業が、わたしにとっては「祝祭」だった。

今回新書としてまとめる時には、岩波書店編集部の古川義子さんに、細部にまで行き届いたお世話になった。この場を借りて、お礼を記したい。

また、資料の整理とグラフの作成、パソコンへの打ち込み、等において、子どもたち（朱子、悠子、真木子）の、楽しい協力を得た。

それから、旅の行く先で一度だけ会って強い記憶を残してくれた幾人かの人たちにも、みんなありがとう。

二〇〇六年一月

見田宗介

見田宗介

1937年東京に生まれる
現在―東京大学名誉教授，共立女子大学教授
専攻―現代社会論，比較社会学，文化の社会学
著書―『時間の比較社会学』*（岩波現代文庫）
『自我の起原――愛とエゴイズムの動物社会学』*（岩波書店）
『旅のノートから』*（岩波書店）
『現代社会の理論――情報化・消費化社会の現在と未来』（岩波新書）
（*印は，真木悠介の筆名）
編集―『社会学事典』（共編）（弘文堂）
『岩波講座　現代社会学』（共編）（岩波書店）

社会学入門　　岩波新書（新赤版）1009

2006年4月20日　第1刷発行
2006年5月15日　第2刷発行

著　者　見田宗介《みたむねすけ》

発行者　山口昭男

発行所　株式会社　岩波書店
〒101-8002 東京都千代田区一ツ橋2-5-5
案内 03-5210-4000　販売部 03-5210-4111
http://www.iwanami.co.jp/

新書編集部 03-5210-4054
http://www.iwanamishinsho.com/

印刷・三秀舎　カバー・半七印刷　製本・桂川製本

JASRAC出0603560-602

ISBN 4-00-431009-1　　Printed in Japan

岩波新書新赤版一〇〇〇点に際して

ひとつの時代が終わったと言われて久しい。だが、その先にいかなる時代を展望するのか、私たちはその輪郭すら描きえていない。二〇世紀から持ち越した課題の多くは、未だ解決の緒を見つけることのできないままであり、二一世紀が新たに招きよせた問題も少なくない。グローバル資本主義の浸透、憎悪の連鎖、暴力の応酬――世界は混沌として深い不安の只中にある。

現代社会においては変化が常態となり、速さと新しさに絶対的な価値が与えられた。消費社会の深化と情報技術の革命は、種々の境界を無くし、人々の生活やコミュニケーションの様式を根底から変容させてきた。ライフスタイルは多様化し、一面では個人の生き方をそれぞれが選びとる時代が始まっている。同時に、新たな格差が生まれ、様々な次元での亀裂や分断が深まっている。社会や歴史に対する意識が揺らぎ、普遍的な理念に対する根本的な懐疑や、現実を変えることへの無力感がひそかに根を張りつつある。そして生きることに誰もが困難を覚える時代が到来している。

しかし、日常生活のそれぞれの場で、自由と民主主義を獲得し実践することを通じて、私たち自身がそうした閉塞を乗り超え、希望の時代の幕開けを告げてゆくことは不可能ではあるまい。そのために、いま求められていること――それは、個と個の間で開かれた対話を積み重ねながら、人間らしく生きることの条件について一人ひとりが粘り強く思考することではないか。その営みの糧となるものが、教養に外ならないと私たちは考える。歴史とは何か、よく生きるとはいかなることか、世界そして人間はどこへ向かうべきなのか――こうした根源的な問いとの格闘が、文化と知の厚みを作り出し、個人と社会を支える基盤としての教養となった。まさにそのような教養への道案内こそ、岩波新書が創刊以来、追求してきたことである。

岩波新書は、日中戦争下の一九三八年一一月に赤版として創刊された。創刊の辞は、道義の精神に則らない日本の行動を憂慮し、批判的精神と良心的行動の欠如を戒めつつ、現代人の現代的教養を刊行の目的とする、と謳っている。以後、青版、黄版、新赤版と装いを改めながら、合計二五〇〇点余りを世に問うてきた。そして、いままた新赤版が一〇〇〇点を迎えたのを機に、人間の理性と良心への信頼を再確認し、それに裏打ちされた文化を培っていく決意を込めて、新しい装丁のもとに再出発したいと思う。一冊一冊から吹き出す新風が一人でも多くの読者の許に届くこと、そして希望ある時代への想像力を豊かにかき立てることを切に願う。

（二〇〇六年四月）

法　律

独占禁止法　村上政博
改憲は必要か　憲法再生フォーラム編
有事法制批判　憲法再生フォーラム編
著作権の考え方　岡本　薫
裁判官はなぜ誤るのか　秋山賢三
日本の刑務所　菊田幸一
憲法への招待　渋谷秀樹
自治体・住民の法律入門　兼子　仁
新 地方自治法　兼子　仁
経済刑法　芝原邦爾
憲法と国家　樋口陽一
法とは何か〔新版〕　渡辺洋三
日本社会と法　渡辺・甲斐・広渡・小森田編
法を学ぶ　渡辺洋三
民法のすすめ　星野英一
マルチメディアと著作権　中山信弘
結婚と家族　福島瑞穂
憲法と天皇制　横田耕一
プライバシーと高度情報化社会　堀部政男
納税者の権利　北野弘久
ある弁護士の生涯　布施柑治
日本人の法意識　川島武宜

環境・地球

地球の水が危ない　高橋　裕
都市と水　高橋　裕
ダムと日本　天野礼子
原発事故はなぜくりかえすのか　高木仁三郎
地球持続の技術　小宮山宏
熱帯雨林　湯本貴和
日本の渚　加藤　真
ダイオキシン　宮田秀明
環境税とは何か　石　弘光
地球環境報告II　石　弘之
地球環境報告　石　弘之
ゴミと化学物質　酒井伸一
山の自然学　小泉武栄
森の自然学校　稲本　正
地球温暖化を防ぐ　佐和隆光
日本の美林　井原俊一
地球温暖化を考える　宇沢弘文
地球環境問題とは何か　米本昌平
自然保護という思想　沼田　真
水の環境戦略　中西準子

社会

大型店とまちづくり	矢作 弘
憲法九条の戦後史	田中伸尚
靖国の戦後史	田中伸尚
日の丸・君が代の戦後史	田中伸尚
遺族と戦後	田中伸尚・田中 宏・波田永実
在日外国人〔新版〕	田中 宏
Jポップとは何か	烏賀陽弘道
桜が創った「日本」	佐藤俊樹
生きる意味	上田紀行
ルポ 戦争協力拒否	吉田敏浩
阪神・淡路大震災10年	柳田邦男編
社会起業家	斎藤 槙
安心のファシズム	斎藤貴男
日本縦断 徒歩の旅	石川文洋
判断力	奥村 宏
ウォーター・ビジネス	中村靖彦
食の世界にいま何がおきているか	中村靖彦
狂牛病	中村靖彦
男女共同参画の時代	鹿嶋 敬
男と女 変わる力学	鹿嶋 敬
当事者主権	中西正司・上野千鶴子
ルポ 解雇	島本慈子
リサイクル社会への道	寄本勝美
未来をつくる図書館	菅谷明子
メディア・リテラシー	菅谷明子
豊かさの条件	暉峻淑子
豊かさとは何か	暉峻淑子
クジラと日本人	大隅清治
リストラとワークシェアリング	熊沢 誠
女性労働と企業社会	熊沢 誠
能力主義と企業社会	熊沢 誠
人生案内	落合恵子
ああダンプ街道	佐久間 充
消費者金融 実態と救済	宇都宮健児
少年犯罪と向きあう	石井小夜子
仕事が人をつくる	小関智弘
公益法人	北沢 栄
科学事件	柴田鉄治
証言 水俣病	栗原 彬編
マンション	小林一輔・藤木良明
コンクリートが危ない	小林一輔
仕事術	森 清
すしの歴史を訪ねる	日比野光敏
まちづくりの実践	田村 明
東京国税局査察部	立石勝規
バリアフリーをつくる	光野有次
雇用不安	野村正實
ドキュメント 屠場	鎌田 慧
過労自殺	川人 博
特捜検察	魚住 昭
交通死	二木雄策
現代社会の理論	見田宗介
災害救援	野田正彰

岩波新書より

現代世界

カラー版 ベトナム 戦争と平和 石川文洋
中国激流 13億のゆくえ 興梠一郎
現代中国 グローバル化のなかで 興梠一郎
カラー版 難民キャンプの子どもたち 田沼武能
多民族国家 中国 王柯
国連とアメリカ 最上敏樹
ヨーロッパ市民の誕生 宮島喬
東アジア共同体 谷口誠
アメリカ 過去と現在の間 古矢旬
ネットと戦争 青山南
ヨーロッパとイスラーム 内藤正典
現代の戦争被害 小池政行
アメリカ外交とは何か 西崎文子
イスラーム主義とは何か 大塚和夫
イラク 戦争と占領 酒井啓子
イラクとアメリカ 酒井啓子
核拡散 川崎哲
シラクのフランス 軍司泰史
帝国を壊すために アルンダティ・ロイ 本橋哲也訳
ロシアの軍需産業 塩原俊彦
ブッシュのアメリカ 三浦俊章
多文化世界 青木保
異文化理解 青木保
アフガニスタン 戦乱の現代史 渡辺光一
イギリス式生活術 黒岩徹
イギリス式人生 黒岩徹
国際マグロ裁判 小松正之 遠藤久
デモクラシーの帝国 藤原帰一
テロ後 世界はどう変わったか 藤原帰一編
パレスチナ〔新版〕 広河隆一
「対テロ戦争」とイスラム世界 板垣雄三編
ソウルの風景 四方田犬彦
現代イラン 神の国の変貌 桜井啓子
オーストラリア 杉本良夫
アメリカの家族 岡田光世
現代中国文化探検 藤井省三
ロシア市民 中村逸郎
中国路地裏物語 上村幸治
ロシア経済事情 小川和男
イスラームと国際政治 山内昌之
中東現代史 藤村信
南アフリカ「虹の国」への歩み 峯陽一
女たちがつくるアジア 松井やより
ユーゴスラヴィア現代史 柴宜弘
東南アジアを知る 鶴見良行
バナナと日本人 鶴見良行
環バルト海 地域協力のゆくえ 百瀬宏 志摩園子 大島美穂
フランス家族事情 浅野素女
アメリカ 黄昏の帝国 進藤榮一
人びとのアジア 中村尚司
中国 人口超大国のゆくえ 若林敬子

岩波新書より

岩波新書より

哲学・思想

サルトル　海老坂武
古代中国の文明観　浅野裕一
悪について　中島義道
ポストコロニアリズム　本橋哲也
神、この人間的なもの　なだいなだ
民族という名の宗教　なだいなだ
権威と権力　なだいなだ
ハイデガーの思想　木田元
現象学　木田元
私とは何か　上田閑照
戦争論　多木浩二
キケロ　高田康成
正念場　中村雄二郎
術語集 II　中村雄二郎
術語集　中村雄二郎
臨床の知とは何か　中村雄二郎
問題群　中村雄二郎
哲学の現在　中村雄二郎
近代の労働観　今村仁司
プラトンの哲学　藤沢令夫
南原繁　加藤節
マックス・ヴェーバー入門　山之内靖
ダルマの民俗学　吉野裕子
新哲学入門　廣松渉
ニーチェ　三島憲一
「文明論之概略」を読む 上・中・下　丸山真男
日本の思想　丸山真男
文化人類学への招待　山口昌男
戦後思想を考える　日高六郎
初めに行動があった　アンドレ・モロワ 大塚幸男訳
忘れられた思想家 上　E・ハーバート・ノーマン 大窪愿二訳
現代日本の思想　久野収 鶴見俊輔
朱子学と陽明学　島田虔次
デカルト　野田又夫
現代論理学入門　沢田允茂
哲学入門　三木清

宗教

ロシア異界幻想　栗原成郎
法華経入門　菅野博史
イスラーム巡礼　坂本勉
中世神話　山本ひろ子
イスラム教入門　中村廣治郎
新宗教の風土　小沢浩
宣教師ニコライと明治日本　中村健之介
ジャンヌ・ダルクと蓮如　大谷暢順
蓮如　五木寛之
密教　松長有慶
仏教入門　三枝充悳
ユダヤの民と宗教　A・シーグフリード 鈴木一郎訳
お経の話　渡辺照宏
日本の仏教　渡辺照宏
仏教〔第二版〕　渡辺照宏
禅と日本文化　鈴木大拙 北川桃雄訳

岩波新書より

言語

- 人名用漢字の戦後史　円満字二郎
- 日本の英語教育　山田雄一郎
- ことばの由来　堀井令以知
- コミュニケーション力　齋藤孝
- 聖書でわかる英語表現　石黒マリーローズ
- 横書き登場　屋名池誠
- 漢字と中国人　大島正二
- 日本語の教室　大野晋
- 日本語練習帳　大野晋
- 日本語の起源〔新版〕　大野晋
- 日本語の文法を考える　大野晋
- 日本語をさかのぼる　大野晋
- 仕事文の書き方　高橋昭男
- 伝わる英語表現法　長部三郎
- 日本人のための英語術　ピーター・フランクル
- 言語の興亡　R.M.W.ディクソン　大角翠訳
- 中国現代ことば事情　丹藤佳紀
- ことば散策　山田俊雄
- 日本人はなぜ英語ができないか　鈴木孝夫
- 教養としての言語学　鈴木孝夫
- 日本語と外国語　鈴木孝夫
- ことばと文化　鈴木孝夫
- 心にとどく英語　マーク・ピーターセン
- 日本人の英語　正・続　マーク・ピーターセン
- 翻訳と日本の近代　丸山真男　加藤周一
- 日本語ウォッチング　井上史雄
- 日本語はおもしろい　柴田武
- 日本の方言　柴田武
- 言語学とは何か　田中克彦
- ことばと国家　田中克彦
- 英語の感覚　上・下　大津栄一郎
- 日本語〔新版〕上・下　金田一春彦
- 外国語上達法　千野栄一
- 記号論への招待　池上嘉彦
- 外国人とのコミュニケーション　J.V.ネウストプニー
- 翻訳語成立事情　柳父章
- 日本語はどう変わるか　樺島忠夫
- 言語と社会　ピーター・トラッドギル　土田滋訳
- 漢字　白川静
- ことわざの知恵　岩波書店辞典編集部編
- ことばの道草　岩波書店辞典編集部編

岩波新書より

心理・精神医学

だます心 だまされる心	安斎育郎
認知症とは何か	小澤　勲
痴呆を生きるということ	小澤　勲
若者の法則	香山リカ
自白の心理学	浜田寿美男
〈こころ〉の定点観測	なだいなだ編著
純愛時代	大平　健
やさしさの精神病理	大平　健
豊かさの精神病理	大平　健
快適睡眠のすすめ	堀　忠雄
夢　分　析	新宮一成
薬物依存	宮里勝政
精　神　病	笠原　嘉
心の病理を考える	木村　敏
生涯発達の心理学	高橋惠子・波多野誼余夫
色彩の心理学	金子隆芳
心病める人たち	石川信義
新・心理学入門	宮城音弥
心とは何か	宮城音弥
コンプレックス	河合隼雄

教　育

幼　児　期	岡本夏木
子どもとことば	岡本夏木
教科書が危ない	入江曜子
読　書　力	齋藤　孝
大学生の学力を診断する	戸瀬信之・西村和雄
学問と「世間」	阿部謹也
「わかる」とは何か	長尾　真
学力があぶない	大野　晋・上野健爾
ワークショップ	中野民夫
子どもの危機をどう見るか	尾木直樹
子どもの社会力	門脇厚司
日本の教育を考える	宇沢弘文
現代社会と教育	堀尾輝久
教育入門	堀尾輝久
教育改革	藤田英典
コンピュータと教育	佐伯　胖
子どもとあそび	仙田　満
子どもと学校	河合隼雄
子どもの宇宙	河合隼雄
障害児と教育	茂木俊彦
子どもと自然	河合雅雄
ギリシア人の教育	廣川洋一
教育とは何か	大田　堯
日本教育小史	山住正己
乳幼児の世界	野村庄吾
知力の発達	波多野誼余夫・稲垣佳世子
自由と規律	池田　潔
私は二歳	松田道雄
私は赤ちゃん	松田道雄
ある小学校長の回想	金沢嘉市

岩波新書より

日本史

日露戦争の世紀	山室信一
戦後史	中村政則
象徴天皇制への道	中村政則
博物館の誕生	関秀夫
BC級戦犯裁判	林博史
明治デモクラシー	坂野潤治
環境考古学への招待	松井章
源義経	五味文彦
江戸の旅文化	神崎宣武
大黒屋光太夫	山下恒夫
日本人の歴史意識	阿部謹也
明治維新と西洋文明	田中彰
小国主義	田中彰
新選組	松浦玲
飛鳥	和田萃
奈良の寺	奈良文化財研究所編
龍の棲む日本	黒田日出男
西園寺公望	岩井忠熊
日本の軍隊	吉田裕
昭和天皇の終戦史	吉田裕
地域学のすすめ	森浩一
植民地朝鮮の日本人	高崎宗司
検証 日韓会談	高崎宗司
聖徳太子	吉村武彦
日本の近代思想	鹿野政直
日本が「神の国」だった時代	入江曜子
漂着船物語	大庭脩
博多	武野要子
東西／南北考	赤坂憲雄
思想検事	荻野富士夫
国定忠治	高橋敏
江戸の見世物	川添裕
王陵の考古学	都出比呂志
日本文化の歴史	尾藤正英
熊野古道	小山靖憲
冠婚葬祭	宮田登
日本の神々	谷川健一
日本の地名	谷川健一
瀬戸内の民俗誌	沖浦和光
竹の民俗誌	沖浦和光
戦争を語りつぐ	早乙女勝元
稲作の起源を探る	藤原宏志
南京事件	笠原十九司
裏日本	古厩忠夫
高野長英	佐藤昌介
日本の誕生	吉田孝
日本社会の歴史 上・中・下	網野善彦
日本中世の民衆像	網野善彦
絵地図の世界像	応地利明
安保条約の成立	豊下楢彦
平安王朝	保立道久
古都発掘	田中琢編
考古学の散歩道	田中琢 佐原真
神仏習合	義江彰夫
日本近代史学事始め	大久保利謙

岩波新書より